高校体育改革践行"体教融合"路径研究

李 科 著

吉林大学出版社
·长春·

图书在版编目（CIP）数据

高校体育改革践行"体教融合"路径研究/李科著. -- 长春：吉林大学出版社，2022.11
ISBN 978-7-5768-1307-4

Ⅰ.①高… Ⅱ.①李… Ⅲ.①高等学校—体育—教育改革—研究—中国 Ⅳ.① G807.4

中国版本图书馆 CIP 数据核字 (2022) 第 243023 号

书　　名	高校体育改革践行"体教融合"路径研究
	GAOXIAO TIYU GAIGE JIANXING "TIJIAO RONGHE" LUJING YANJIU
作　　者	李　科　著
策划编辑	殷丽爽
责任编辑	董贵山
责任校对	殷丽爽
装帧设计	李文文
出版发行	吉林大学出版社
社　　址	长春市人民大街 4059 号
邮政编码	130021
发行电话	0431-89580028/29/21
网　　址	http://www.jlup.com.cn
电子邮箱	jdcbs@jlu.edu.cn
印　　刷	天津和萱印刷有限公司
开　　本	787mm×1092mm　1/16
印　　张	11
字　　数	180 千字
版　　次	2023 年 1 月　第 1 版
印　　次	2023 年 1 月　第 1 次
书　　号	ISBN 978-7-5768-1307-4
定　　价	72.00 元

版权所有　　翻印必究

作者简介

李科 男，1980年2月出生，河南省安阳市人，毕业于武汉体育学院，硕士，现任职河南工业大学体育学院，副教授。研究方向：学校体育教育。任职以来主持、参与和完成国家级、省部级和地厅级科研项目、课题多项，独著发表论文10余篇，多次参加国内学术会议，获得河南省科技进步二等奖等荣誉。

前　言

"体教融合"是如今出现的一个比较新的概念，是体育界和教育深化融合的一个概念，其反映了体育界与教育界的融合发展。之前，我国曾经开展过体教结合的工作，体教结合和体教融合虽然只差一个字，但是却有很大的区别。这一字之差，体现了我国体育的发展，尤其是竞技体育的发展，有了实践与理论方面的创新。体教融合实际上就是把竞技人才的培养（体）融合到国民教育体系（教）之中。体教融合，基础在教育，这既是实现全民健康的基石，也是实现中国竞技体育发展的必由之路。其根本意义在于，改变体育部门和教育部门的封闭状态，将体育和教育事业放在一定区域的经济和社会发展大背景中，把受教育的权利真正还给运动员，促进他们的全面发展。要打破体育、教育樊篱，体育部门、职业和业余俱乐部的人才、基础设施资源要深度融入校园体育，体教双方共同培育高水平教师、教练，共享人才、设施资源。相信随着体教融合的深入开展，一定会实现体育强国、教育强国建设同频共振、比翼齐飞。为此，本书开展了高校体育改革践行"体教融合"路径研究。

本书共分为五章内容。第一章是高校体育教学概述，对高校体育教学现状、高校体育与竞技体育融合等进行了分析。第二章对高校"体教融合"的内涵进行了分析，主要从高校"体教融合"的相关概念、高校"体教融合"的实施背景、高校"体教融合"的相关研究这三方面出发。第三章的内容是高校"体教融合"的推进，具体分析了高校"体教融合"的发展特征、高校"体教融合"的现实困境、高校"体教融合"的时代价值这三个方面。第四章对于高校"体教融合"的途径进行了分析，主要从体教融合背景下高校体育教学的改进、体教融合背景下高校体育人才培养策略这两个方面来论述。第五章对高校体育教学评价改革进行了分析，主要从体育教学评价的内涵、高校体育教学评价的发展研究、高校体育教学评价体系的完善这三个方面出发，深入探讨体育教学评价工作的开展。

在撰写本书的过程中，笔者得到了许多专家学者的帮助和指导，参考了大量的学术文献,在此表示真诚的感谢。本书内容系统全面,论述条理清晰、深入浅出,但由于笔者水平有限,书中难免会有疏漏之处,希望广大同行及时指正。

作者

2022 年 1 月

目 录

第一章 高校体育教学概述 ·· 1
 第一节 高校体育教学现状 ······································ 1
 第二节 高校体育与竞技体育融合 ······························ 16

第二章 高校"体教融合"的内涵 ···································· 34
 第一节 高校"体教融合"的相关概念 ·························· 34
 第二节 高校"体教融合"的实施背景 ·························· 55
 第三节 高校"体教融合"的相关研究 ·························· 67

第三章 高校"体教融合"的推进 ···································· 77
 第一节 高校"体教融合"的发展特征 ·························· 77
 第二节 高校"体教融合"的现实困境 ·························· 88
 第三节 高校"体教融合"的时代价值 ·························· 99

第四章 高校"体教融合"的途径 ··································· 105
 第一节 体教融合背景下高校体育教学的改进 ················· 105
 第二节 体教融合背景下高校体育人才培养策略 ··············· 137

第五章　高校体育教学评价改革分析 ... 144
第一节　体育教学评价的内涵 ... 144
第二节　高校体育教学评价的发展研究 ... 155
第三节　高校体育教学评价体系的完善 ... 160

参考文献 ... 165

第一章　高校体育教学概述

本章为高校体育教学概述，对高校体育教学现状、高校体育与竞技体育融合等进行了分析，从整体上促使广大读者对于体育教学能够有充分的了解。

第一节　高校体育教学现状

一、学校体育的发展现状

高校中，大学生运动员的发展现状不容乐观，对于学校体育的发展造成了一定的阻碍作用。

首先，训练时间分散且占比较少。由于大学生运动员所在专业不同，高校普通运动队都是利用课余时间进行训练，受学生课程影响，指导教师较难统一训练时间，只能根据不同学生的课程安排，制定相对集中的多次训练。而且大学生运动员要优先完成所学专业的学习任务再进行运动技能的学习。随着年级的提升和毕业的压力，课余训练的时间会越来越少，直接或间接影响大学生运动员参与训练的积极性。部分大学生运动员在学业任务与训练发生冲突的时候，都会选择以学业任务为主，因为他们没有以体育竞赛成绩替代学科成绩的特殊政策，而学业成绩的好坏能直接影响大学生最终的毕业和就业。所以大学生运动员训练时间受学业任务的影响非常大，训练时间只能穿插在学业任务的空隙之间，持续性得不到保障，直接影响体育竞赛的成绩。

其次，训练内容广泛且无法统一。大学生运动员有体育运动的天赋，喜欢体育运动，愿意为体育运动进行各方面的投入，所以他们的运动能力、竞技能力优于一般大学生。但是因为高校普通运动队的招生原则采用指导教师选材、学生自愿加入的模式，使得队员运动水平和身体素质参差不齐，需要指导教师根据队员的特点制订不同的体能、技能的训练计划,训练内容无法统一,这样加大了指导教师的教学强度和学生学习的难度。尤其是集体项目需要团队协作时,部分队员的水平直接对运动队的整体训练产生影响。部分高校在选择大学生运动员时,因为没有具备一定运动技能水平的人员,所以只能选取身体素质相对优秀的大学生,指导其基础技能训练之后,再观察其体育技能提升的幅度,这样不仅影响运动队建设的进度,而且受大学生学制的限制,往往培养出一定运动技能的同时,大学生就将面临毕业的问题。

再次,训练水平较低且成绩波动大。由于大学生运动员是经历全国统一考试进入大学的,大学前运动训练的时间与参赛经验要明显少于运动员大学生,所参加的比赛水平也较低,所以整体运动技能的综合能力也要低于运动员大学生,大学生运动员的训练水平较低,大部分训练时间用于基础运动技能学习,而综合运动技能、技战术技能等这些高级运动技能所占训练时长的比重不高。而且普通运动队所招生源的水平波动很大,加之训练时间较少,训练水平较低,短时间提升大学生运动员竞技水平的可能性不高,因此运动队的成绩受大学生运动员入学前的运动技能水平影响较大。简而言之,如果招收到高水平的大学生运动员,则运动队的运动成绩就会立刻提升,反之则立刻下降。

又次,指导教师能力有限且缺少团队。高校普通运动队指导教师的专业水平对大学生运动员竞技能力提升有着极大影响,但高校普通运动队往往缺少水平较高的指导教师团队。受大学生学业学习时间的限制,教师指导大学生训练的时间大多安排在课余,指导教师人数较少,缺少多名教师之间的团队协助。具备体能、心理技能、运动技能、训练指导能力等多方面综合能力的体育教师十分稀少,大多数体育教师只具备部分能力,因此对高校运动队的指导存在局限性。如果指导教师的工作付出得不到相关部门的量化认定,其工作积极性完全取决于个人意愿,工作投入的差异使得高校普通运动队发展所面临的可变因素太多,缺少持久的发展使得高校普通运动队训练内容的科学性、训练手段的专业性、训练时间的持续性无法得到保障,这直接影响运动队的训练氛围和学生训练的积极性。

最后,理想与现实差距较大且支持机制不足。大学生运动员参与高校普通运动队训练的初衷并不是为了获取利益,吸引他们参与的主要原因就是个人兴趣。因此,高校普通运动队由一群有着共同爱好、共同目标的运动项目爱好者组成,他们同样对竞技成绩有着渴望,但限于自身的竞技水平、所在学校的支持力度、校园体育文化深度的影响,往往无法取得很好的竞赛成绩,缺少好的竞赛成绩的运动队又得不到校方重视,教师教学、训练竞赛经费等得不到支持,运动队的建设和大学生运动员的培养日渐式微。

因此，高校普通运动队建设和学生运动员培养处在非常微妙的境地，指导教师的积极性和学生参与训练的兴趣受各种因素影响而变得波动性极大。缺少持续训练的积累，就无法获得优异的竞赛成绩。高校普通运动队建设如果得不到重视，会造成指导教师和大学生的关注度、参与度下降，训练时间和计划得不到保障，运动队的发展将面临危机。

二、后奥运时代我国体育发展方向

2008 年，奥运会在我国首都北京隆重举办，我国获得的金牌总数位居第一，竞技体育获得了很大进展。此后，中国政府指出，要持续实施体育举国体制，增强政府对体育事业的关注度，并且关照运动员长期利益和全方位发展，极度注重且着实增强运动员社会保障工作。如今，奥运会上得金的运动员会受到全民的崇拜，也会在一定程度上加深人们对于体育的推崇程度。现在，很多人开始关注青少年的体育发展情况，开始关注竞技体育人才方面的培养工作。

因此，很多学者认为，在北京奥运会之后，我国的体育制度将会面临新的改革，尤其是在观念方面。之前，很多人的观念是以奥运为核心，只关注奥运的成绩，而如今，更多的人能够关注到运动员本身，这就体现了以人为中心的观念。在这样的背景下，多元化发展观就得到很大程度的发展。这就促使人们由重视渐进式发展，到关注"重点突破、全面推进"的系统发展。

细化来说，后奥运时代的改革可分为竞技体育管理体系调整与体育行政管理体制调整。

竞技体育管理体系调整的未来方向重点体现在：第一，在社会化方面，体育占据的比例逐渐增加，目前社会和政府作为互补的两个方面，共同促使竞技体育得到了很好的完善。第二，在运动项目的管理方面加深了改革，目前单项化的比赛比较多，全运会方面的项目逐渐变得少起来。第三，体育机制方面得到了一定的完善，相关的法律也发挥了一定的作用。第四，体育逐渐能够适应市场经济的需要，目前一些体育俱乐部得到了很好的发展，促进了我国娱乐市场的繁荣。第五，在以上几点得到发展的基础上，体育方面的投资效益评价也得到了加强。

体育行政管理体制调整主要表现为：第一，分权的特征越来越明显。之前，在体育管理方面，体制是比较集权化的，主要是由高层的政府进行宏观方面的把控，但随着社会主义市场经济体制的确立，尤其是北京奥运会之后，体育产生的综合方面的效益越来越不容忽视。在这个背景下，体育体制不断朝着分权化的方向发展。第二，对于体育行政管理体制来讲，之前政府的行政性比较强，而现在经营性质越来越突出，目前，体育投资效益评价得到了加强，在此基础上，体育的娱乐化、社会化越来越明显。第三，体育行政管理体制是垂直化的，自上而下的，但是目前在社会的协调下，这一体制更加适应我国体育组织结构。第四，体育行政管理体制的调整，必然是以可持续发展观念为前提的，走可持续发展道路是毋庸置疑的。

三、"体教结合"的发展现状

（一）大学"体教结合"的发展现状

之前很长一段时间里，我国大学开展了体教结合的工作，从开办的情况来看，"体教结合"在一定程度上促进了我国高等教育和体育的结合，但是其带来的问题也是不容忽视的。"体教结合"在发展过程中还是出现了不少的问题。因此，本书在这里对"体教结合"的现状进行分析也是十分必要的，希望读者能够对大学"体教结合"的发展现状有所了解，从而更好地参与到相关的研究中。

1. 普通高校办高水平运动队

一些高校自己成立运动队，是体育与教育结合最常见的一种方式。很多学校结合国家的政策与文件，结合相关的招生要求，结合自身的发展需要，将一些运动员（退役的或者二级以上的）以及各个高中的体育特长生招收到学校。这些学生在高校里和其他学生共同上课，将自己的业余时间用来锻炼。在锻炼方面，高校会请一些教练来对这些学生进行训练和管理。在这样的形势下，这些学生能够在文化课方面发展得很好，同时又不会缺乏体育训练，做到两手抓。目前，很多学校都发展了自己的优势项目，比如清华大学的跳水队就非常出名。

也有高校，在一些体育项目上开展一以贯之的方式，也就是说从小学开始，到大学，进行一条龙式的训练。比如说，很多高校都有自己附属的小学、中学，如清华附中，其就成立了"马约翰班"，为清华大学培养篮球与田径方面的人才。这样一来，很多高校从学生小时候就开始培养，能够促使学生的体育和文化课教育更好地结合在一起。而且这样的方式也有利于学生长远的发展。所以说，这种方式还是值得研究与借鉴的。

需要注意到的是，也有一些高校将自己的体育训练和一些企业相结合。在训练方面，企业能够提供更多的财力支持，而学校可以在教育方面给予更多的支持，两者的优势相结合，为学生提供更多的优质训练。比如说，湖北大学成立过"五人制足球队"。2003年的时候，大学生五人制足球联赛开展得如火如荼，而这时湖北大学与和"武汉地龙"合作，成立了"五人制足球队"。"武汉地龙"是社会企业。企业与大学的合作，促使这个足球队表现出较强的实力。这个足球队确实也在多个比赛中拔得头筹。比如在2004年、2005年获得全国大学生五人制足球联赛南区冠军，还斩获2006—2008年的"李宁杯"。由此可见，企业与高校合作，能够促使体育与教育结合，从而促使学生在体教方面获得更好的发展，有更多的机会。

2. 国家运动项目中心、省市专业队挂靠普通高校

国家运动项目中心、省市专业队在某种程度上也可以和高校开展适当的合作。这有利于高校中的运动员接受更好的体育锻炼，同时也能够高效进行文化课学习。目前，这样的形式在我国得到了很好的普及。国家运动项目中心、省市专业队都可以为运动员提供基地，运动员可以在这样的基地中进行专业化的训练，然后在训练完之后（集训后）回到学校接受文化课教育。这样的运动员可以代表国家运动项目中心、省市专业队去参加比赛，也可以代表学校去比赛。在这样的方式中，运动员和学生的身份不冲突。

不仅是国家运动项目中心，很多地方运动项目中心或者专业队也开始重视与学校开展合作。例如：江苏女排就和东南大学合作，一起办队；四川全兴足球队与西南交大联合办队，等等。这样的方式促使双方充分发挥自己的优势，让运动员能够在文化和体育方面实现平衡、高效的发展。

3. 体育学院"学、训、研"三结合基地

在中华人民共和国成立初期，我国的体育学院是单科制的。这种形式更多的是按照苏联的模式来的。当时我国和苏联在很多方面都取得了合作，体育方面也不例外。在这个阶段，中央体育学院、中南体育学院、成都体育学院相继成立。这些学校旨在为我国培养更多高质量的体育人才。当时，体育师资比较缺乏，这些学校的建立，能够适当解决这方面的问题。

现在，中央体育学院已经成为北京体育大学，中南体育学院已经成为武汉体育学院。不管名字怎么变，这些学校依旧在竞技体育方面承担着不容忽视的责任。首先，这些体育学院和地方体工队合作，开展了"学、训、研"的改革，进行了"三化"。"三化"是什么？即在管理方面，运动员的学籍化、院校化以及学生化。在学院中，运动员可以开展文化课学习，在相应的运动系积累学分，完成学分要求。其次，在各个地方，政府可以考虑对学院、体工队以及体育科研所等进行合

并，整合资源，充分发挥其各自的优势，更好地推进体教结合。

（二）"体教结合"现状的评述

1. "体教结合"在培养人才方面还有很大的不足

可以看出，我国运动员在奥运赛场上取得的成绩越来越好，我国的奥运金牌数越来越多。在其他的比赛中，我国奥运健儿的成绩也越来越出色。可以说，目前中国的竞技体育水平正在不断的攀向高峰。但是需要注意的是，不管是在奥运会，还是在其他国际大型比赛中，在获得优异成绩的运动员中，几乎看不见体教结合培养的人才。

此外，世界大学生运动会是一项重要的赛事，这项赛事的组织工作，是由教育部来负责的（具体从2003年就开始）。从这项赛事的成绩来看，我国运动员的成绩位居前列，但是可以发现，这些位居前列的运动员大部分都是国家专业队的。下面，我们举例来看，在2005年的世界大学生运动会上，国家跳水队的郭晶晶等，共取得10枚金牌，而我国取得的总金牌也才21枚。不仅跳水方面，其他如羽毛球、田径、篮球、游泳方面也是如此。

所以说体教结合在培养人才方面还有很大的不足，我们应该看到这种不足，从而能够针对不足进行改进。

但是，从另一方面来说，"体教结合"在人才培养方面也不是没有可取之处的，即使他们在赛事中取得的成绩不那么引人瞩目，但还是能够为学校争得荣誉。

因此，对于体教结合，我们应该采取的态度是辩证看待，既要看到其在培养人才方面的不足，又要看到它在这方面取得的成绩。

2. "体教结合"学校没有贯彻"全面发展"的教育指导方针

体教结合的重要目标就是促使学生运动员获得全面发展，很多时候全面发展也是一种方针、思想。但是纵观"体教结合"的发展来说，很多学校并没有做到这一点。

学校对于学生运动员的管理没有做到位，很多时候比较松散。有的时候不能保证学生运动员的锻炼实践与效果和学生运动员的文化课的学习情况。还有学校降分录取，学校里很多运动员不断"逃学"。

高校通常是从中学里招收体育运动员，从近年来的招生情况来看，在招生要求方面，高校所设定的文化分数线是比较低的，那么相应的，运动方面的成绩就会占比较高。

目前，很多高校在体育方面为了招收到更多的高质量苗子，就一再放松对于文化课的要求。很多学校都采用降分录取的方式来招收一些专业运动员，甚至还对一些优秀的运动员面试入学。

2005年，高校在招收运动员方面的要求具体为：二级运动员要达到当地本科第二批次录取控制分数线；针对一些十分优秀特别是培养前途良好的学生，可以只要求达到本科二批分数线的60%；对于一级或一级以上的运动员就可以免试入学。

通过以上论述，我们就不难理解为什么有的体育生压根不重视自己的文化课成绩了。

另外，从学生运动员的积极性方面来看，也受到多方面因素的影响，这方面的情况也不尽如人意。影响学生积极性的因素是非常多的，比如教练员的能力、观念方面的变化、学校的训练情况等。

从目前高校的训练情况来看，很多学校开展的训练强度比较大，运动量也很大，时间也比较长，旨在更好地促使学生的运动成绩得到明显提升。在训练的同时，高校没有保障学生的文化课学习时间，这就在一定程度上造成了学生运动员发展不平衡的问题。

2008年，有学生参加了北京体育大学的单招考试，具体的专业是运动训练专业。有学者对学生进行了一定的访谈，以下是具体的访谈记录。

学者：你是从哪来参加考试的呢？

学生K：我是从安徽来的。

学者：为什么跑这么远来参加北京的考试呢？

学生K：我本来就是在北京高中上的学，所以正好就在这里参加考试了。

学者：那么，你本身是安徽的，怎么会想到来北京上高中呢？

学生K：我之前参加过全国青少年跆拳道比赛，取得的成绩很好。当时有北京学校的老师看中了我。

学者：那他是怎么说服你的呢？

学生K：他说如果我到他们学校读高中，就免除我的学杂费、住宿费等等，但是我需要为学校去打比赛。

学者：你在这个高中训练得还好吗？辛不辛苦？

学生K：还好，辛苦但是也值得。

学者：为什么值得？

学生K：因为，如果取得好成绩的话，我之后上大学就有可能获得免试入学的资格。

学者：那么你现在的体育成绩能够达到入学要求吗？

学生 K：确实有很多学校对我表现出了一定的兴趣。

学者：有哪些学校呢？

学生 K：比如北京交通大学、华北电力大学等。我不是很想去。

学者：为什么呢？

学生 K：因为我怕我跟不上那里的文化课。

学者：你的文化课很不好吗？学校在这方面对你们的教育怎么样？

学生 K：学校比较重视的是体育成绩，再加上训练强度和时间的要求，文化课的学习时间很少。

学者：你现在的文化课学习成绩怎么样？

学生 K：我基本上就没有怎么学习文化课，我其实很想到大学里面学习一些理论知识，以后可以当教练。我想去北京体育大学，但是没有满足他们的文化课要求。

学者：他们学校的分数线很高吗？

学生 K：他们是 190 左右，我去年就考了 120。

学者：要考多少门课程？分别是什么？

学生 K：考四门，语文、数学、政治、英语，总分是 600 分。

学者：你今年有信心吗？

学生 K：还行吧。体育方面我很有把握，但是文化课实在不行。

学者：谢谢你，祝你考好。

总分 600 分却考不到 190 分，平均每门 47.5 分都考不到。2008 年北京体育大学运动训练专业录取的文化线是 240 分，估计这个学生是考不上北京体育大学的，那这个学生的前途在哪里呢？

从上面的访谈中，我们可以了解到，很多体育生的文化课水平着实令人担忧。很多学者认识到这一问题后，对学生的训练情况展开了研究。比如有的学者切实走进了一些体育传统项目学校中。有学者曾经来到了武汉汉口铁中，这是一所省级的重点中学。对于学生的训练情况，有学者采访了其中的一些教练员，了解到他们学校开展的体育训练项目有田径和篮球等。目前，该学校和省体工队正在联系开展人才的培养工作。以下是相关的访谈记录。

学者：教练您好。你是从什么时候来学校工作的？之前是做什么的呢？也是教练员吗？

M 教练：我是从省体工大队来的，之前是那里的教练。

学者：那您怎么来学校任教了呢？

M教练：之前，省体工队在招生方面有所不足，很多时候招不到学生。所以相关负责人就想要进行体教结合，与高校合作开展训练。

学者：那您现在属于高校还是省体工队呢？

M教练：我依然是省体工队编制。

学者：这种形式是普遍的吗？

M教练：不是，目前只有我们学校一家。

学者：那么，目前参加训练的学生人数多吗？

M教练：就我带的篮球队来说，现在有十五人。

学者：你们的训练时间是怎么安排的？

M教练：每天训练有三个小时，通常安排在下午，从三点半开始。

学者：那么文化课呢？

M教练：没办法，很多时候都会耽误文化课。

学者：训练之后累吗？有没有放松的方法？

M教练：当然很累，通常训练完之后，学生都没什么精力了，会抓紧时间睡觉，以免耽误第二天的课程。

学者：学校对于缺课采取什么补救措施没有？

M教练：基本上没有进行补课，队员本来走的就是体育路，文化成绩要求低点。

学者：这些学生运动水平都不错，将来考体育学院肯定很受欢迎。

M教练：体育学院肯定考不上，因为要考到350分以上才有希望。一般的就是走免试大学特招或者进专业队的路。

从谈话中可以感觉到，重训练轻文化的观念根深蒂固。文化学习先天不足以及对文化学习观念认识不清，造成运动员主观上缺乏对文化学习的自觉性。

3."体教结合"学校很少得到体育部门的支持与配合

几十年来，体教结合也对相关机构提出了一定的挑战，不管是教育部分还是体育部分，都在不断地调整。这种调整既有有利的一面，又有不利的一面，比如教育系统和体育系统在进行一些调整的时候，首先都会从自己的利益出发，这就导致一定的割裂性，"体教结合"应该是一个整体，需要从全局的角度上进行考虑。

需要认识到的是，"体教结合"的开展以教育部门为主，很多时候教育部门可能在体育运动训练方面的重视性不够，这就导致高校在体育训练中也会存在一些问题。比如以下问题：第一，教练员的教学水平不太能满足学生的需求。很多学校反映，一些教练不是高水平运动员，他们自身就缺乏应赛经验，所以在指导学生运动员方面就存在很多不足。在这样的情况下，学生运动员的发展水平是可想而知的。第二，学校开展的一些训练活动不具备科学性，而且针对运动员的训练也没有专业的科研团队进行服务。学校在训练方法和手段等方面是存在不足的。第三，高校对于学生运动员训练的财力支持也不足。很多学校里，学生运动员能够运用的体育器材是非常有限的，有的时候学生运动员还要自己出钱负责训练事宜，甚至参赛的费用也是他们自己来负责。可见，高校开展"体教结合"存在经费不足的问题。第四，缺乏衔接性。这是指很多地方，如小学、中学和大学的体育教育是割裂的。比如说，有些项目在小学有，但是到中学就没了，这就在一定程度上导致这个项目的人才培养中断了；此外，现在小学、中学都有划片的要求，这样一来有些学校就无法招收到合适的苗子。这都会导致体育人才资源的浪费，还会在一定程度上导致经费的浪费。对于以上几方面问题，本书进行了一定的总结，具体，如表1-1-1所示。

表1-1-1　制约中学、大学竞技体育发展的前四位主要因素

因素	中学（53所）选择频数	中学（53所）百分比（%）	大学（54所）选择频数	大学（54所）百分比（%）
教练员的教学水平不太能满足学生的需求	38	71.7	35	64.8
学校开展的一些训练活动不具备科学性	36	67.9	25	46.3
高校对于学生运动员训练的财力支持不足	30	56.6	23	42.6
缺乏衔接性	28	52.8	—	—

以上论述了教育部门和一些学校的问题，需要认识到的是，"体教结合"中存在的不足不是教育部门和一些学校单方面导致的，很大程度上还有体育系统的问题。

首先，在体育系统方面，很少有体育部门和学校建立统一机制，也没有和教育部门成立统一的管理部分。大部分学校都是接受教育部门的指示，从而开展体育训练活动，在这个过程中体育部门没有给予足够的指导。

举个例子来说，之前在很多赛事中，出席的都是教育部门的一些领导，体育

部门的领导很少来。这就反映了体育系统的缺席。比如说，在"多威杯"全国中学生田径锦标赛上（2008年），才第一次有田径管理中心的领导到场。

其次，在教练员方面，体育系统很少能够为学校中的教练员提供必要的指导，这也在一定程度上导致了高校体育教练员存在一定的不足。

最后，体育系统更是没有给"体教结合"工作以必要的经费支持。尽管体育彩票的部分收益会被用到一些体育学校中，但是从总体上看，这样的经费支持是远远不够的。很多学者谈到，他们在研究中发现，很多时候学生运动员的训练费用和参赛费用很大一部分靠的是学生运动员自己。体育系统对于学校的支持程度，如表1-1-2所示。

表1-1-2 体育系统对于学校的支持程度

目的	中学（53所）				大学（54所）			
	有	所占比率（%）	没有	所占比率（%）	有	所占比率（%）	没有	所占比率（%）
体育部门和学校建立统一机制	6	11.3	47	88.7	8	14.8	46	85.2
体育系统能够为学校中的教练员提供必要的指导	14	26.4	39	73.6	21	38.9	33	61.1
体育系统给"体教结合"工作以必要的经费支持	4	7.5	47	92.5	0	0	54	100

有相关的学者和海南华侨中学的教练进行了谈话，由他们的谈话，我们可以得知，事实上学校获得的体育系统的经费支持是很有限的。

学者：你好教练，听说海南华侨中学的体育成绩很不错，所以学校应该受到了体育部门的重视吧？

T教练：一直是教育部门在负责管理学校，体育部门和学校没有什么联系。

学者：学校学生或者运动员在训练的时候，能够有足够的器材吗？相关的经费能够有效支持学生的训练吗？

T教练：从某种程度上来说，学校所给予的经费是有限的，很多时候，学校只是会从政策方面给予一定的关注。很大一部分的经费，是由学生自己承担的，器材与场地问题很多时候都是学生解决的。

学者：教师有奖励吗？

T教练：多多少少有点。

学者：教练员都是什么学校出来的？会不会有从专业队中退下来的？

T教练：教练员毕业的学校范围很广，比如有广东体院的，还有海南师大的，也有武汉体院的。

学者：那教师还都是体育专业毕业的。那么体育教师每年有参加培训和进修的机会吗？是学校负责提供组织吗？

T教练：偶尔，通常由教委负责。

4. "体教结合"学校的项目设置没有体现奥运战略

运动项目对于竞技体育的发展所起到的作用不容忽视，很多时候运动项目的设置会影响到竞技体育的发展。所以说，运动项目的设置也属于奥运战略的一部分，但是很多学校的运动项目的设置没有充分考虑到竞技体育的可持续发展，以及奥运战略的实施。

不管是在中学里，还是在大学里，运动项目的设置中，篮球、田径和足球等都十分常见，所占的比例很高，但是一些其他项目，比如射击、游泳、摔跤、体操等项目设置得很少。这就反映出运动项目设置方面的问题，需要引起我们的思考。

被允许开办高水平运动队的高校逐年增加，目前已多达两百多所。在这样的情况下，运动项目的数量也是上升的。但是从两百多所高校开展运动项目的情况来看，他们并没有将运动项目的设置和奥运相联系。很多高校中，所设置的运动项目只有很少的一部分和奥运项目是重合的，比如说奥运项目有32个大项，但是有19个大项出现在高校所设置的运动项目中。而且，奥运中一些十分常见并且火爆的项目并没有出现在高校运动项目中，比如说跳水、乒乓球、举重等。相反，一些潜优势项目在高校中开展得还是很好的，比如说篮球、游泳、田径等。具体的情况。

5. "体教结合"学校缺乏为国家培养体育后备人才的动力

"体教结合"的作用还体现在为我国体育发展储备人才。高校"体教结合"的开展不但在某种程度上促使校园体育文化更加丰富，促进学校建设，确实还能够很好地为我国体育的发展贡献人才。结合学校的发展来说，"体教结合"的开展，能够在一定程度上有利于学校声望的提升，能够促使学校群体的工作更加丰富。

所以很多时候，高校开展"体教结合"工作更多的是从自身的利益出发，并没有考虑到为我们国家的发展培养相关体育人才（表1-1-3）。

表1-1-3 学校培养运动员的目的

目的	中学（53）				大学（54）			
	有	所占比率	没有	所占比率	有	所占比率	没有	所占比率
为国家培养优秀运动员	6	11.3	47	88.7	8	14.8	46	85.2
提高学校声望	43	81.1	10	18.9	46	85.2	8	14.8
调动学校群体工作，丰富校园文化	47	88.7	6	11.3	54	100	0	0
提高升学率	53	100	0	0	0	0	54	100
给学校带来经济效益	3	5.7	50	94.3	2	3.7	52	96.3

很多学校的出发点，都是让学生通过训练之后去参与全省、全国甚至世界性的比赛，从而为校争光。很多时候，学校相关教育者的眼光并不长远，他们只是想提升学校的影响力。但是却在某种程度上，忽视了为我们国家储备后续的体育力量。很多学校的管理者和教育者认为这是国家体育系统的责任。

此外，学校中教练员的出发点也是体育成绩，也就是说他们也是只注重运动员所带来的学校排名，毕竟他们的教学成绩是和这些挂钩的。在这样的情况下，一些教练员就会采取不正当的手段来对待学生运动员，比如说，让学生运动员"冒名顶替"，甚至还会让学生运动员去吃"兴奋剂"。

很多时候，一些高校没有直接将教练员的教学成绩与职称评定相联系，甚至还要考查教练员的科研水平，这都严重影响了教练员的训练积极性。一些学者在自己的研究中对于这种情况有所反映。

比如，有的学者采访了一些高校的教练员。以湖北大学为例，该学校的体育教学工作取得了不错的成绩，有学者采访了这个学校的教练员。以下是采访的大致过程。

学者：您好教练，听说您带领的学生运动员为学校争得了很多荣誉。

H 教练：这离不开学校的支持。

学者：那么您肯定不用担心评教授了。

H 教练：还是不容易的，因为我没有怎么发表文章，平时忙于训练了，所以说还是不容易的。

学者：这不应该啊！听说湖北大学可以将教练带领学生取得的冠军情况换算成发表的文章。您带领学生获得这么多冠军了，应该足够评教授的了。

H 教练：学校的政策规定是学校的政策规定，但是实际上实施的时候，要去省里评职称，而省里看的还是科研情况。目前，就拿田径项目来说，只有三个教师在负责，这是因为这既需要拿出很多的时间，又需要有一定的承受能力，因为这些花费大量时间所做的事情，到最后这些努力，对以后评职称基本没有任何帮助。

还有一位北京高校的教练也谈到了这种情况。

学者：您好，您是在北京高校任教吗？

J 教练：是的。

学者：我有一些问题想要问问您，您有时间可以聊一下吗？

J 教练：有的。

学者：好。我想了解一下您学校的体育教练员的职称是如何评定的，能详细说说吗？

J 教练：应该说，我们学校的评定是综合考虑的，会看体育教练员的成绩、思想表现以及科研情况等。但是其中，科研确实占据了最重要的地位。

学者：但是，带领学生运动员开展训练应该不是一件容易的事，那么教练员有时间写文章吗？

J 教练：辛苦是一定的，从早操开始，教练员要负责学生的各个训练部分，早操、午间操、体育训练活动的开展与监督，等等。所以，一天的话，是比较辛苦的，回到家基本上就没有啥精力了。

学者：既然如此，那么教练员在带队方面所表现出的积极性还可以吗？

J 教练：为了孩子着想，大家都认真带队。

学者：那么，如果教练员带领学生运动员去参加比赛的话，学校会给予一定的补助吗？

J 教练：这个各个学校的情况不一样吧。就拿北京为例，很多学校是会对教练员给予一定的补贴的，但也有些学校完全让学生运动员去承担这部分费用。很多时候，学生很愿意、很希望参加比赛，即使自己搭钱也在所不惜。很多教练员看不下去这种情况，但是他们也没有好的办法，无能为力。

通过以上的论述，我们可以看到，一些学校是缺乏为我们国家储备后续体育人才的动力的。所以说，它们在激励措施方面肯定会有一些不足，这就在一定程度上导致了恶性循环。

6."体教结合"缺乏相应的配套机制

很多时候，竞技体育人才的培养是一个复杂的系统。在这方面体育系统应该通过一些规章制度来确保人才培养工作的顺利进行。第一，缺乏相关的法律法规，在体教结合方面，难以有法律法规去确保体教结合的合法性。第二，体育系统内，很少能够看到为"体教结合"制定战略发展目标的。第三，教育部门和体育部门各自的责任和权益是模糊的。

如果要举例来说的话，我们可以来看看中国地质大学。该学校的定向越野和攀岩等项目是体育特色项目，而且，在一些基础项目方面，比如说在羽毛球方面，该学校和国家羽毛球队联合培养了一批运动员。

有学者对该学校的教师进行了访谈，通过以下的访谈过程，我们也可以看出一些问题。

学者：您好！您担任体育教练员多久了呢？

Q 教练：已经十几年了。

学者：那么，您的经验应该是很充足的吧。您能分享一下是如何对学校运动员进行训练与管理的吗？

Q 教练：我们负责的只是训练。

学者：那么管理呢？

Q 教练：由学校学院负责。

学者：你们是重点大学，那么得到的关注应该很多，尤其是省体育局，是不是给了你们很多的照顾？

Q 教练：我们开展的是学校业余训练。

学者：什么意思呢？

Q 教练：就是不怎么和省体育局联系。

学者：学生运动员的吃饭、洗浴以及训练后的恢复是怎么安排的？

Q 教练：每天，学生会有五块钱的补助，吃饭、洗浴等问题自己解决。至于恢复，通常是同学之间相互放松。

学者：学生在训练中的积极性如何？在大学里会有松懈吗？

Q 教练：松懈情况其实在大学生中很常见。对于他们的激励，通常是会通过降低学习要求，有的时候会加分。

学者：科研团队呢？提供服务吗？

Q 教练：没有。

通过以上的论述，我们可以发现，在"体教结合"的过程中，大部分学校是没有配套的激励机制的。这就给体育后备人才的培养造成了一定的不利影响。

比如说：在学生运动员方面，文化学习的具体要求是什么，没有一定的明确方案；一些优秀运动员获得的奖励十分有限；经费的来源和支出是模糊的，甚至有些混乱。

这就需要我们认识到体教结合的现状，真正认识到问题所在，从而针对问题去思考解决方法。

第二节 高校体育与竞技体育融合

一、当前竞技体育与高校体育融合的复杂性

（一）我国高校运动项目的设置与布局

运动项目的设置与布局从很大程度上影响着我国高校的体育水平。在体育资源分配时，会根据相应的运动项目设置与布局进行分配，而合理的体育资源分配会使得高校运动队发展良好。因此，设置与布局是关系到我国竞技体育与高校体育融合发展的关键问题，具体的开设项目、开设高校数量及比例，如表 1-2-1 所示。

表 1-2-1 具体的开设项目、开设高校数量及比例

序号	开设项目	开设高校数量（所）	所占比例（%）
1	田径	19	76.0
2	篮球	12	48.0
3	足球	11	44.0
4	排球	10	40.0
5	游泳	9	36.0
6	乒乓球	7	28.0
7	健美操	4	16.0

续表

序号	开设项目	开设高校数量（所）	所占比例（%）
8	武术	7	28.0
9	网球	6	24.0
10	羽毛球	2	8.0
11	定向越野	2	8.0
12	跆拳道	2	8.0
13	龙舟	1	4.0
14	冰雪	0	0
15	射击	4	16.0
16	击剑	2	8.0
17	棒球	2	8.0
18	赛艇	1	4.0
19	棋牌	4	16.0
20	手球	3	12.0
21	垒球	1	4.0
22	攀岩	0	0
23	柔道	0	0
24	橄榄球	0	0
25	摔跤	0	0

田径项目的强弱是一个国家体育水平的体现，是奥运会比赛项目之一。如表1-2-1所示，调查的25所高校中，开设田径项目的高校达到19所，占比高达76%。众所周知，田径项目的开设不仅仅在为田径比赛储备人才，同时田径项目是其他的许多项目的基础，因此25所高校中19所高校都开设田径项目这样的情况也是合情合理的。足篮排等项目深受普通学生喜爱，学生在闲暇的时间也会通过足篮排等来锻炼自己，使得足篮排在校园中具有良好的体育教学氛围，使得体教结合的目的得以实现。目前，地方区域特色和乡土人情未对当地高校开设的项目产生影响，也未能跟进国际体育发展形势，在未来还有待改良。

（二）高校运动队建设的条件研究

1. 高校的知名度

知名度表示一个单位在社会上影响力的覆盖面积，被社会群体了解的程度。但是高校的知名度存在一个值得关注的现象，就是当某高校通过某种方式使其知名度有所提高，再加上高校的不断宣传，这样会使得家长或者学生对该校的关注程度增加，尽管随着时间推移其知名度会有所降低，但是其一直都能维持在一个较高的水平。

就目前而言，很多学校都组建有高水平的运动队，而在高水平运动队的影响与学校的宣传下，这些高校的知名度都相对比较高，受到各界人士的广泛关注，这使得这些高校具有较强的生源基础，这就为该校的体教融合发展创造了有利条件。

2. 丰富的体育资源

高校体育资源主要包括了体育师资力量、场地设施、科研条件、各项管理活动等。在国家相关鼓励机制下，国内众多高校加快体育基础设施建设步伐，大量招收体育方面特长生，不断充实学校的体育资源。无论是体育活动的开展或者是发展竞技体育都需要一定的体育资源作为基础，因此高校在发展过程中要不断充实体育资源，同时不断发掘隐藏的体育资源并加以利用。

表 1-2-2 我国高校体育资源情况

选择项	体育场馆	体育教学仪器和设备	图书资料	优秀体育教师	高级教练员
数量	87	82	87	72	56
所占比例（%）	100	94.3	100	82.8	64.4

如表 1-2-2 所示，对 25 所高校的相关体育资源调查数据显示，每所高校都拥有场地设施和相关书籍资料；94.2% 的高校拥有体育教学仪器和设备，82.8% 的高校拥有优秀体育教师，而拥有高级教练员的高校占被调查数的 64.4%。丰富的体育资源，为高校专业运动队建设奠定很好的物质基础。随着经济的不断增强，我国对于教育方面的投入不断增多，使得众多高校在基础设施上的投入也不断增多，从而增加体育场地设施建设的投入。由此在"体教融合"的推行上具有更加有利的条件，但是高校在这样的情况下更应该加强在无形资源上的投入，引进或者自主培养自己的优秀教师团队、高级教练员等。这样才能使得高校高水平运动队得到长足发展。

3. 优越的经济条件

经济基础决定上层建筑。高校承办专业运动队需要有长效资金保障。高校通过举办大型比赛、科研创新、扩大招生等方法获得可观的收入，高校优越的经济条件为建设专业运动队，走"体教融合"之路创造了丰富的物质条件。如表 1-2-3 所示，高校经费收支达到平衡及以上的占 94.3%，只有 5.7% 的高校在资金方面比较不足，基本没有高校经费严重不足的情况出现。这组数据充分表明我国当下众多高校在经济条件上还是比较优越的。经费水平决定了教练团队力量和训练条件，体育系统各级专业队由政府拨款，而高校办运动队的资金来源还是比较被动的。这也造成了高校运动队的训练条件和教练组水平始终与专业队存在差距，应积极开拓融资渠道，与社会企业相联合，提高自筹资金能力，逐渐将市场机制引入高校，改善资金现状，促进融合发展工作有序开展。

表 1-2-3 我国高校省校联办专业运动队经济条件情况

选择项	严重不足	比较不足	收支平衡	比较充足	有富余
频数	0	5	31	36	15
所占比例（%）	0	5.7	35.6	41.4	17.2

4. 强大的师资力量

高校体育要长远发展，离不开强大的师资力量，教师质量及人才储备对于整个高校的健康运行起着至关重要的作用，这也是高校体育事业发展的根本所在。因此，高校要培养专业的运动队，就必须保证其拥有强大的体育师资力量，坚持在职教师承担训练工作与引进专业教练员并重。在人才的引进、培养和使用中构建了具有自身特色的体育教师队伍建设体系，建设了一支结构优化、规模适当、综合发展、充满朝气、敢于担当、适应高校发展需要的高水平体育教师队伍。同时，还要完善教练员外聘机制，对外聘人员的权益保障是否到位直接影响其工作开展质量。目前国内 83.9% 左右的高校师资力量是基本满足高校体育教育需求的，而 10.3% 左右的高校师资力量是比较强大的，只有 5.7% 左右的高校在体育师资力量上存在不足，处于比较缺乏的状态，值得高兴的是并没有出现严重缺乏师资力量的高校存在（表 1-2-4）。

表 1-2-4　我国高校专业运动队师资力量情况

选择项	严重缺乏	比较缺乏	正常	比较强大	非常强大
频数	0	5	73	9	0
所占比例（%）	0	5.7	83.9	10.3	0

5.明确的办队目标

在高校专业运动队的建设过程中，首先要明确的是建队的目标：提高体育教学质量，推动整个体育教育事业健康发展，以适应社会主义市场经济发展的需要为动力目标。各高校应当充分利用自身的优越条件，不断放宽自身眼界，吸收和培养更多优秀的体育人才，使其能走出省市、走向全国乃至全世界，为校争光，为国争光。通过数据（表 1-2-5）可知："体教结合"措施在我国实施以来，我国高校专业运动队整体的目标定位都有了较为明显的提升，几乎所有院校的建队目标都开始立足全国、展望奥运。与过去相比，将办队目标定位在为国家培养优秀体育后备人才的比例有所提升，其占比已经达到87.4%，同时大部分的高校希望通过竞技体育推动校园体育的进步。目前，高校办运动队具有明确的方向，但是要想更好地融合发展，还应将办队目标提升到为国家培养德智体全面发展的优秀后备体育人才上，承担大学对体育人才的教育责任和义务。

表 1-2-5　我国高校专业运动队目标定位情况

目标定位	频数	百分比（%）
为国家培养优秀体育后备人才	76	87.4
在全国高校赛事中取得好成绩，提高高校声望	87	100
丰富校园文化生活	57	65.5
在奥运会、单项世锦赛上取得好成绩	87	100

6.明细的管理条例

据调查发现，在管理条例的设立方面，基本上所有的高校都设立了相关的管理条例，但是其明细程度各有不同，总体上来讲，有接近3/4的高校设立了明细的管理条例，剩下的1/4左右的高校虽然设立了管理条例，但是不够完善，都在不断完善中，如表 1-2-6 所示。

表 1-2-6 我国高校专业运动队管理条例建立情况

选择项	建有明细的管理条例	建立或完善中	没有
频数	65	22	0
所占比例（%）	74.7	25.3	0

由此可知，国内各高校对管理条例的设立还是充分重视的，以江苏某高校为例，为了促进"体教融合"的发展，该校成立了由主管校长负责，校内各职能部门组成的高水平运动队领导小组，全面负责运动员培养工作。根据训练方案和运动员实际文化水平采取灵活的弹性学分制，并按要求对文化教育与运动员训练安排进行有机结合。

还有专家认为应建设激励反馈机制，激发运动员的主动性，评价教练员的工作状况。

7.有力的后勤保障

后勤保障是一项综合性的工作，其看似简单，但是在高校高水平运动队伍建设过程中具有重要意义，是高校高水平运动队建设中不可缺少的部分。后勤保障能够为高校发展"体教融合"提供支持，高水平运动队取得优异成绩离不开完善的后勤保障体系。高校后勤工作繁杂，涉及方方面面，最为常见的如体育场地维护、器材收发、食宿安排、赛事协调等。后勤工作繁杂、工作的质量要求高，意外情况多，对队伍建设和运行影响很大。如表 1-2-7 所示，在国内所有的学校或多或少都建立了相关的后勤保障体系，其中有 67.8% 的高校后勤保障体系已经相对比较完善，而剩下的 32.2% 的高校正在建立中。

表 1-2-7 我国高校专业运动队后勤保障体系建立情况

选择项	建有完善的后勤保障体系	建立中或完善中	没有
频数	59	28	0
所占比例（%）	67.8	32.2	

可见，我国大部分高校都有相对健全的后勤保障体系，但是仍有一部分的高校仍处于建立和完善中，体系建设是一个长期的过程，应该立足于现实工作，及时更新、改进和完善，将后勤工作落实到细节，努力提高反应速度。

（三）高校建设专业运动队存在的困难

1. 思想认识不到位

行动受到思想的指导，高校进行运动队建设的观念依然陈旧，没有立足于国家和个人的长远发展，主管部门的工作理念与时代脱节。体育系统在成绩导向的工作理念下，必然会出现超量训练、占用文化课时间等问题，或者说，超量训练后，运动员也不可能有充足的精力参与学习。教育则在应试教育的选拔制度下，重文轻体，开设"体育班""艺术班"使特长生远离了正常的校园生活，也影响了一些家长的价值观。片面追求文化课成绩，不能保障基本体育课程开展，对体育特长生存有歧视等现象屡见不鲜。

大学阶段，高校将运动队建设定位于快速收获业绩，提升学校品牌的工具，直接或间接获利，并没有践行为融合发展作贡献的要求。限于学制问题和竞赛规则的资格限制，高校学生运动员更新换代很快，三到四年就要完成一次大更新，这与短期逐利行为的目标取向是相悖的。繁重的训练任务，竞赛成绩要求，队伍内的快速淘汰机制，对学生造成的心理压力不容小觑，大量存在退队运动员无法回归校园生活的问题。

2. 人员编制问题

人员编制，是指在一个组织中，管理人员在对组织所需人员数量、类型、岗位等进行分析的基础上确定出组织需要的人员的配备数量及界限。任何一个组织都不能忽略人员编制问题，高校发展省校联办专业运动队也必须处理好人员编制问题，建立一个能良好运作的管理体系。

据资料显示，目前我国大学体育部门普遍存在人员编制问题，具体表现在：第一，认识不够，人员编制管理工作存在随意性，没有认真考核相关人员的工作能力、自身素质等条件，导致工作效率不高、管理散乱等问题；第二，结构调整不到位，部门设置不合理，管理部门、执行部门和监督部门没有很好地协调工作，存在相互推诿或相互包庇的问题；第三，部门协调不够，存在各自为政的情况，组织、人事、财政、招生、日常管理以及后勤保障等有关部门沟通不够，工作脱节。

如此长期下去必会影响省校联办专业运动队的运作效果。因此，高校应认真制订人员编制计划，应以战略为导向、以现状为基础、以工作为中心、以分析为手段，建立良好的管理体系。

3. 经费投入不足

高校经费不足或者在经费分配比例上不平衡，导致众多高校在校运动队的建设上受到阻碍。高校运动队的经费来源途径比较单一，主要依靠于财政拨款。目前我国高校普遍拥有优越的经济条件，但是对体育事业的经济投入却是有限的，江苏某高校2018年安全学院经费预算4000余万元，同校的体育学院整体运行预算不足200万元，这其中涵盖了五个高水平运动队（男篮、女篮、田径、游泳、网球）的维护费用和学院所有日常运行开支。

在经费有限的情况下，校领导小组的意见对高水平项目的发展影响很大，领导的爱好往往导致了项目投入的倾斜，在场地设施、比赛安排等内容上均有体现。

此外，教练员、运动员的待遇比较差，部分高校仅能支撑一项大赛的经费，队员很少有机会参加各种比赛，没有丰富的赛事经历十分限制其在大赛的临场发挥。虽然地方体育部门有部分建设经费，但两部门的"责任共担，利益共享"的协调机制还没有彻底理顺。

4. 受益主体模糊

高校建队的目的是培养全面发展的高水平竞技体育人才。根据高校建队的目的可知，其受益主体主要是国家、高校、学生运动员三个方面，但是在实际环境中，高校建队的受益主体仍然存在模糊不清的情况。国家层面上，开放大学高水平运动员招生政策的目的是培养全面发展的人才，实际高水平比赛仍由专业队垄断；大学的高水平运动队建设，始终得不到政府部门足够的支持；学生运动员想通过大学为自己的以后谋得出路，但高强度的训练似乎和专业队生活区别不大，文化知识水平并没有显著提升。因此，高校运动队建设也应厘清其受益主体的关系，综合三个层面的实际需求，进行三位一体的统筹规划。

5. 管理体制障碍

高校是体育特长生的招收主体和培训主体，但是这类人群的资格审批却在体育系统内，这就导致了体育系统为了能让高水平运动员进入大学不断降低门槛，业余运动员进入大学的障碍不断增多。特别是在硕士、博士阶段的招生问题上，高校倾向于招收明星运动员，借此提升自身影响力，对该类人群的要求不断放宽，损害了教育公平，偏离了竞技体育与高校体育融合发展的轨迹。

在大学阶段，高校对高水平运动队的文化知识编制了专门的培养方案，但是存在运动员集中在指定专业，单独住宿，单独开班，几乎不与普通学生接触的现象。通过训练和比赛抵消学分，减免课程降低毕业要求，虽然帮助运动员完成了学业，但是不利于其综合素质的发展，损害了运动员的受教育权，也是融合发展工作的重大阻碍。

二、我国竞技体育与高校体育融合发展的必然性分析

（一）建设"体育强国"、实现"中国梦"的现实需要

"中国梦"涵盖的内容十分丰富，领域极其广泛。体育作为社会大环境中的一分子，改革同样贯穿其发展的始终。我国体育强国之路的规划，主要分为三个部分：竞技体育、群众体育、学校体育。竞技体育在"举国体制"下快速发展起来，但是真正衡量国家体育实力的重要一环——群众体育，相对于西方发达国家还比较滞后。随着改革开放的进程不断加深，我国的经济水平飞速提升，生产力不断发展，人民的基本生理需求已经得到初步满足，对生活水平的追求也从基本的物质需求转向更高层次的精神需求。

要全方位地满足人民的体育需求，就要加快建设体育强国。当前，群众体育和竞技体育发展的不平衡，群众体育事业的缓慢发展，成为实现体育强国梦的重要障碍。

"马拉松热""广场舞热""暴走热"一方面反映了人民群众极高的体育热情，另一方面也反映出群众体育基础设施薄弱，人民群众无处可去，公共体育产品数量较少，配套服务比较差，社会体育指导员数量严重短缺。人民的体育公平和体育权利保障体系不健全，竞技体育场馆的大量修建让部分群众远离了体育生活。

而在教育系统内，组织性较好的学校体育发展情况同样不容乐观。在我国现行的高考选拔体制下，体育成绩不计入总分使得重文化、轻体育的思想根深蒂固，现代个人多媒体设备的快速普及更是加剧了这一现象，绝大多数学生没有充裕的余暇时间，他们被限制在了家里，限制在了电子娱乐设备上。青少年体能指标持续下降的问题如不切实解决，将严重影响青少年的健康成长，乃至影响国家和民族的未来。

导致青少年体质下降的原因主要有：在教育人才培养机制上，体育与高考成绩不挂钩，致使重文化、轻体育的现象进一步加剧，素质教育仍停留在片面的文化素质提高；其次，体育系统并没有充分发挥竞技体育对青少年社会化、身体健康指导的基础作用，体育资源配置不平衡，学校体育得不到应有的重视。

应积极推动教育体制改革，将学校体育事业纳入人才培养的重要一环，将学生身体素质的发展放到应有的高度；积极探索"体教融合"模式下，如何在教育系统内发挥竞技体育对素质教育、对综合性人才培养的重要作用；创立创新学校体育的制度规范，将体育成绩纳入人才选拔的标准之中，贯彻落实学生体质健康监测工作，扩大学生身体素质相关健康知识普及范围，从思想上改变教师和家长

的理念，从制度上对学校体育、学生健康予以支持和保障，从根本上改变学生、青少年群体健康持续下降的现状。

（二）竞技体育科学发展的客观要求

中华人民共和国成立后，百废待兴，体育事业几乎处于停滞，长期的社会动荡也使得体育事业发展的起点比较低，基础较为薄弱，通过"举国体制"对有限的经济、人力资源进行统一调配，举全国之力集中发展竞技体育项目，最大限度地围绕为国争光的竞赛目标发挥地方各部门的作用，形成了业余体校、体育学院、专业队的三级训练网络，致力于发掘、培养优秀竞技体育运动员。在"举国体制"的推动下，我国竞技体育短短几十年就完成了从洛杉矶奥运会的零金牌突破到北京奥运会跃居金牌榜首位的快速进步，使我国迅速成为竞技体育强国。但是，一些客观问题也无法回避，中国传统优势项目在国际水平快速提高的环境下，竞争压力骤然上升；如田径、自行车等项目差距巨大，足篮排三大球项目水平始终停滞不前；奥运会金牌投入过大，仅2000年至2004年备战雅典奥运会期间，国家投入专项资金200多个亿，最终取得金牌32枚，这种超高投入在西方国家是难以想象的。

任何制度的形成与发展，都受到当时社会环境和生产力水平的影响，"举国体制"是我国在计划经济时期物资匮乏条件下的特殊行为，帮助我国快速摆脱"体育弱国"的形象，在体育基础薄弱的情况下快速成长起来；随着时代的发展，"举国体制"在市场经济的环境下，已经不能很好地适应现实条件的快速发展：2012年伦敦奥运会的成绩不理想，2014年索契冬奥会的失利，让我们不得不对这一体制进行反思。"举国体制"始终围绕着培养高水平运动员展开，三级训练网络是我国体育综合实力快速提升的基本保障，运动员沿着业余体校—半专业队—专业队的生涯道路发展，在高压的选拔和淘汰机制的作用下，培养了大批的优秀运动员，而在此之下发展起来的"体教结合"也急需分析自身存在的问题，与时代形势相适应。

业余体校的教育质量十分低下，半专业和专业队训练生活几乎不开展文化课；运动员进入三级训练网络以后，为了完成训练任务过早就脱离了文化知识的学习，造成了文化水平低下，思想道德修养水平较差的问题始终存在。"举国体制"对于运动员的培养是围绕竞技体育事业的建设，为国家培养高水平竞技体育人才开展的，活动的开展都为了运动员取得更好的运动表现，使得"体育"的功能被限制，更是忽略了人的主观能动性，将运动员视为争取国家荣誉的工具，一旦运动员经历伤病或过了职业生涯巅峰期后，会被快速淘汰出训练梯队，这批人才受制于文化水平较低和长期封闭训练，已经与社会脱节，身体又累积了大量伤病，在重新进入社会时，将面临诸多问题。

不可否认，"举国体制"为我国竞技体育事业的快速发展作出了巨大贡献，但"金牌主义"下对运动员生理极限的探索与突破工作不断推进，由此带来的问题也是难以回避的，其在特定历史时期的巨大作用随着市场经济体制的不断发展，已经难以和时代发展相适应。

"科学发展观"坚持以人为本，树立全面、协调、可持续的发展观，促进经济社会和人的全面发展，这一观点对于解决现阶段"举国体制"带来的问题，改革和完善竞技体育人才培养机制，提高运动员的综合素质有着重要意义。

首先，贯彻落实科学发展观，促进"体教融合"模式的研究与发展，促进运动员文化水平和思想道德修养的提高；其次，充分发挥教育系统的科研力量，将体育科研成果应用于竞技体育实践之中，为运动员运动表现的持续提高提供科学保障。最后，积极引入社会资金和专业的体育公司，促进我国体育事业的综合发展。积极探索"体教融合"的培养模式，保障运动员的受教育权利，完善该群体的再就业制度，建立健全后备人才选拔制度等。

（三）结合存在体制性障碍

"体教结合"的发展存在制度性障碍，而"体教融合"的发展依旧受到制度的阻滞。"体教融合"的发展需要教育系统更深层次的变革，制度的改革与创新是体育与教育发展的原动力。在外部环境瞬息万变的今天，竞技体育人才培养体系和制度并没有作出相应的跟进，制度的滞后已经严重影响到了运动员的培养。

每年退役运动员中约八成直接进入了失业状态，长期封闭环境下培养出来的运动员，一旦退出训练梯队，面对激烈的社会竞争缺乏适应能力，基本生活难以得到保障。高校教育系统有着大量的教育培训资源和经验，将这些资源综合运用到体育系统内可以良好地解决这些问题，但是现阶段缺乏制度保障。

"体教融合"的发展缺乏组织保障，高校（教育系统）的运动队建设以一级运动员为中间点向上下延伸，在运动员等级的审批程序上，其主要是通过体育系统内部完成，对于业余运动员进入高校的条件不断提高，但是对于专业运动员而言反而在不断降低。在各高校文化教育方面制订了专门的教学计划与大纲，但专业选择却限制在一个或几个专业内，而且学校规定可以根据运动员所取得的成绩免修部分课程或减免一定的学分，这样的教育管理体系便于运动员顺利毕业，却不利于提高运动员的文化水平。

从"体教融合"存在的种种问题来看，唯有实现制度上的嬗变，突破原有的培养体系，依托顶层设计，才能真正实现我国竞技体育事业的健康发展。

"体教融合"是我国体育和教育界为了推进体制改革创新提出的全新培养模式，是"体教结合"深入研究与发展的新阶段，从结合到融合的改变，意味着体育与教育的结合更加紧密，结合的水平更高，相互协作更加紧密，融为一体。"体教融合"是国家储备优秀竞技体育人才的制度创新、理论创新，更是实践创新，是按照科学发展观思想设计的人才培养新模式。

（四）竞技体育强国成功的经验

以美国"体教结合"的成功经验为例，严格规范的录取条件是其良性健康发展的前提。学生要以运动员身份进入大学，其运动技能水平只是条件之一，还需要达到多项相关标准。

NCAA（全国大学体育协会）对学生的文化水平基本要求：只接受完成了高中阶段学习并顺利毕业的学生。高中阶段的学习是进入大学的前提条件，如果前序阶段的课程学习无法完成，大学阶段的课程学习会更加困难。

高中阶段的成绩必须达到所考取的大学要求的平均绩点，所有课程的最低合格标准都有详细要求，且普遍高于课程的及格分。

高中阶段的核心课程（语言、数学、哲学、自然科学等）达到 C 级或者绩点 2.0 以上，并且所有学生参加的课程及授课教师必须是经过国家学术委员会认证的，这就使每个学生接受的系统教育水平从制度上有了可靠的保障。

所有学生必须参加 SAT 或者 ACT 考试（全球统一考试，也面对国际学生，相当于我国的高考）。与高考制度不同的是，这一成绩只是基本素质标准，并不是录取标准，会根据大学排名的不同有所上浮。ACT 考试和 SAT 考试，一年在北美地区可以参加多次，考试时间和地点由学生自主报名，更加灵活，为了学生进入大学提供了更多的机会，而高考制度每年一次相对减慢了学生再成功的时间。

运动技能特别突出者，可以适当降低标准，在不满足上述四个条件的情况下，通过"预录取"进入大学体系，但是要受到诸多限制。

首先，不能参与奖学金评定和学费减免。由于美国资本主义制度的特殊性，社会贫富差距不断扩大，排名靠前的大学多为私立大学，单学期的综合学费（学费、学生保险、书本费等）有可能超过 10000 美元，不能参与奖学金评定和学费减免对于普通工薪家庭是难以维系的。学生的奖学金受文化成绩和运动成绩的共同影响，根据学生参与的体育项目不同、赛事等级差异会有数额上的不同。

其次，大一期间，不能在 NCAA 注册成为大学生运动员，每周参与训练的时间有严格规定，其目的是保证这部分文化成绩较差的学生进行系统知识学习。直到通过所有入学资格考试，达到相应成绩标准后，才能执行大学生运动员身份，正常代表学校参加赛事，恢复享受各项运动员福利的权益。

美国高校的严苛的录取制度是围绕"以人的发展为本"的思想设计的，其本质是促进人的全面发展，促进学生综合素质的提高。通过对运动员文化成绩和专项水平的双重要求，从根本上保障学生文化与技能的协同发展；在条理清晰的标准之下，美国高校的录取制度也有人性化的一面，从入学考试一年多次制度，再到高额奖学金和学费减免制度，更贴切地给予努力的学生运动员参与大学生活的机会，并且一定程度上照顾到了他们的日常生活。

我国体育特长生录取制度存在一系列问题：时间节点固定、间隔周期过长，运动员一旦在考试期受伤不能参加考试，就要重新等候一年的时间；地点固定，运动员必须在原户籍参加高考，不同地区的制度不同限制了运动员的流动；一级以上运动员参加学校单独组织的文化考试，考试内容不透明不公开，在实际招生工作过程中，已经成为变相的免试入学；入学后，特长生很少参与文化课，文化考试看参与训练情况给训练分，损害了运动员的受教育权益，也使其远离了大学生活。

我国现行的运动员升学制度是严格的，但是也有固化的一面。在实际工作中，各大高校为了高水平运动员能够进入自身的培养体系，对很多条件作了较大幅度的放宽，"体教融合"并没有落到实地。高校是我国教育系统的中坚力量，想要推进"体教融合"工作的开展，就必须从源头上展开，在新的录取制度改革工作中，应该体现体育和文化双重要求的素质教育观，使得学生身体和智力水平共同发展起来。通过高校录取标准改变，也将导致义务教育阶段的教育目的、教学行为、教学目标等发生变动，将从思想上对家长的价值观念进行引导。

在进入大学后，美国所有大学生每个学期都必须修满 12 个学分，NCAA 对注册运动员还有额外规定。

首先，注册运动员的每一门文化课不仅要通过且不能低于课程平均分，每个秋季学期开始会考察学校的平均学分绩点，不达标的运动员将会被取消参赛资格直至文化成绩达标。此外，不允许学校组织单独考试。

最后，所有运动员和普通生统一毕业标准，未通过的课程自行重修，不得为运动员毕业开辟特殊渠道，损害普通生的教育公平权。

竞技体育强国的成功经验已经为我国竞技体育和高校体育融合发展提供了参考范例，美国 NCAA 体制下对运动员的高标准（文化课要求很多情况下超过普通生）促使了学生运动员付出超常的努力，也最终促使他们的综合素质得到了全面发展。

三、竞技体育和高校体育融合发展的可行性研究

（一）体教职能改革的行政壁垒

"体教结合"的模式经历了三十余年的探索，始终难以突破旧的制度，对"体教融合"新阶段的迫切要求，首先应破除体育系统和教育系统行政职能壁垒。体育在教育中的功能消减问题突出。

由于体育系统和教育系统运行模式上的固化导致了在职能改革中的一系列行政壁垒："学训矛盾"难以缓解，在高校班级授课制的大环境下，专业课的时间固定在早上八点到下午六点间，部分课程安排在晚上七点至九点，与运动员的训练时间存在冲突，经历训练课之后，很难有精力快速进入课堂开始文化知识的学习。

大部分的高校针对高水平运动队的文化事务管理都存在着降低标准的情况，背离了"体教结合"发展的初衷：培养体育和文化共同发展的综合型人才。高校针对"学训矛盾"的问题并没有推出合理的管理办法，而是通过降低要求，甚至只要有运动成绩，就可以进入更高一级层次学习的现象始终存在。

虽然各个高校在这些方面进行了各种尝试，但是高强度训练和系统文化知识学习的矛盾在人类有限精力的现实情况下，始终难以缓解。高校对于很多健将级超高水平运动员的文化课要求更是无限下降，某些奥运级选手可以免试进入博士阶段学习的现象也屡见不鲜，这也导致了社会对运动员文凭真实度的质疑始终难以打破。

体育系统主管的比赛使得竞赛环境被严重隔离，在体育局系统注册过的运动员进入高校培养体系之后不能继续参赛，高校运动员也不能参加高水平的竞技体育赛事。教育体系内高水平运动队的人员流动计划是十分封闭的，大学生篮球运动员向 CBA 输送的机制也是在 2016 年刚刚放宽，很多项目还缺乏官方的输送渠道。

高校教师引进制度要求博士以上学位才能留校，对于教练员等特殊人才的引进计划可以适当降低标准，但是总体上还比较僵化，使得很多经验丰富的高水平教练员难以进入高校运动队进行工作。

在这种竞技体育管理模式下，我国竞技体育快速进入世界一流行列，形成了

业余体校—省市半专业队—国家专业队的三级训练网络，实施在体育行政职能部门领导的封闭培养模式。

获取成绩的背后，是职能部门的行政壁垒一直无法打破。这种壁垒产生的原因是我国垂直的行政管理体系，各部门分工明确、层级严格的运行体系实际上造成了行政垄断。各职能部门之间的资源封锁，体育系统的资源、专项人才、运动员等级认定权利，以及赛事资源等限制在体育部门内，而教育系统也严守自己的教育资源。体育部门和教育部门各司其职，割裂了两大系统之间的联系性，导致"体教结合"工作开展缓慢。

（二）国家教育体制改革向竞技体育敞开了大门

我国教育体制改革以义务教育阶段为起点，推行以素质教育为核心的学生综合素质培养体系。将体育成绩计入升学成绩考核总分，划定每天锻炼时间，在课程标准中规定了每天、每周学生的体育课程数量及标准，基本知识和基本技能共同培养，更加关注心理环境和非认知能力的情况。以此为契机，引入竞技体育项目，将竞技体育的教育功能、促进青少年社会化的功能应用于教学实践之中，为青少年提供一个特殊的社交平台，这个特殊环境之内，青少年感受竞技体育带来的竞争、成功的激励和失败的挫折教育，将来更好地适应竞争激烈的社会生活。

1987年，我国允许51所高等院校招收体育方面的学生，允许奥运会、世界杯、世锦赛前三名与世界纪录创造者，均可以不用参加考试而进入高等院校学习，我国"体教结合"的实践道路就此展开。高等教育阶段，国家推行简政放权的价值取向，将以往教育部门权力覆盖过大的情况进行调整，自主权回归高校，极大地推动了高校教育发展的进程，学校可以结合自身学科优势、区位特点，自主选择一定专业进行招生和发展。

目前，2018年教育部发布的有资格招收高水平运动员的高校为279所，通过高水平运动员资格进入高校总人数不得超过当年本科生录取人数的百分之一。具有高水平招生资格的大学仅占全国所有高校总数（2204所）的12.6%，还具有很大的提升空间。

对生源的严格审查和总体招生人数的限制，虽然为学生质量提供了保证，但是也限制了高校运动队的发展，很多条件达标的运动员受高校招生指标限制而不能进入大学。想要促进高校体育的发展，就必须在严格招生条件的基础上，扩大招生范围和招生指标，让品学兼优且具有体育特长的学生尽可能地进入大学，让更多的高校试行高水平运动员的高校间联合培养试点，丰富体育人才储备。

扩大大学高水平运动队建设体量，有利于扩大运动员后备人才储备规模，减少有天赋的青少年运动员流失，为国家竞技体育选材提供更多样本，学生运动员经过大学阶段的教育后，综合素质也显著提升。此外，学校自主选择的空间扩大，可以为竞技体育在高校的发展注入新的活力，教育部门建立指导标准后，高校可以在基本框架之内，根据学校开展的高水平运动项目的具体情况，自主建立相应的培养方案和管理机制；根据学校需求和教育环境的承受能力，自主确定招生规模及学生运动员的学籍管理制度。设立相应的奖学金和训练费补助标准，积极联系社会力量进行联合培养，充分发挥高校系统在培养竞技体育人才的主体作用。

近三十年来，国家管理部门围绕发挥教育职能部门作用促进竞技体育人才的可持续发展出台了一系列政策，说明从政府层面和专业角度对体育和教育融合的必然性已经达成了统一意见，体育和教育的融合发展已经成为未来我国竞技体育事业再进步的必然选择，教育系统必将承担体育人才孵化的任务。

（三）阳光体育的实施为体教融合奠定了群众基础

阳光体育就是将青少年体育工作纳入经济建设计划中，由教育部、国家体育总局、共青团协同工作，致力于处理青少年体育发展的相关事件。

阳光体育就让青少年回归自然，走出教室，走到阳光下，参与到体育锻炼中去，是为了扭转我国青少年体质持续下降现象，提升青少年身体素质，保障青少年身体健康而推出的重大举措。

阳光体育面向的群体特殊性、目标特殊性对高校体育的工作开展开辟了新的思路。由于阳光体育面向的对象是普通生，是各大高校学生体质健康保障工作的起点，要综合考虑全体学生的身体素质情况，依托于学校教学环境的实际场地设施条件，以满足学生的日常锻炼为基础目标，有针对性地开展教学活动。阳光体育以全体学生为开展范围，引致了超大教学组织形式的特殊要求，应该以身体锻炼为主，适当开展以增加活动量为前提的简单基础运动技能学习，只有响应国家体育政策的要求，从学生实际出发，才能真正满足广大学生群体的体育需要，更好地服务学生群体，推动"体教融合"工作的开展。

把阳光运动在高校体育教学中落地，激发学生对体育运动的兴趣尤为重要。在高校体育工作的开展过程中，应运用新媒体手段开展学生体育兴趣普查，有针对性地开展流行性体育活动，引导学生培养体育兴趣爱好，形成体育习惯，实现由被动参与到主动参与的思想观念转化，向学生灌输终身体育观。将阳光体育活动安排进课程表，帮助学生合理分配体育锻炼时间，进行体育知识普及和技能辅导；采取体育打卡或是结合现代智能化可穿戴设备对运动量进行监测，将结果纳入学生的奖学金评定体系，保证阳光体育活动对学生有一定的强制力。

阳光体育更重德育，将体能活动变成学生的社交手段，培养团队意识。通过集体赛事激发团队意识、竞争意识，提高学生的责任心，稳固学生心理环境，充分发挥教育作用。

阳光体育工作扩大了体育群众基础，是提升青少年体质健康的长期工作。一方面，其影响了社会对高校体育工作的认识，促使体育价值观发生变化，疏通了进一步扩展体育教育工作的思想渠道，对高校教育体系中融合竞技体育内容、培养竞技体育人才有着重要的推动作用，并从本质上改善了广大普通学生群体的身体素质，督促他们参与到体育锻炼中去，树立终身体育观念，令学生受益一生；另一方面，其在提升整体素质的背景下，为发掘竞技体育人才拓宽了视野，为"体教融合"工作的推进奠定了群众基础。

（四）中国经济的持续发展为融合提供了经济基础

"举国体制"的引入归根结底是我国在特殊历史时期的经济实力比较薄弱，需要集中人力、物力、财力发展竞技体育。改革开放以来，我国经济水平得到了极大的发展，中国经济总量长期保持9%的增长速度，2010年已经跃居世界第二大经济体，竞技体育和高校体育融合发展有了经济基础。

目前国际环境变化迅速，国内经济发展也进入新阶段，在以人为本思想的指导下，我国经济发展的目标需保证保量，不断开拓经济创新增长点，增强竞争力。随着经济水平的提升，片面追求运动成绩的培养方式逐级淘汰，在科学发展观的指引下，培养德智体美劳全面发展的人才成为社会共识；社会生产力和生产方式的转化，使得人民生活水平显著提高，余暇时间增长，对生活的追求已经脱离了基本生活资料，转向更高层次的健康生活方式。

体育和教育的发展水平都要受到经济发展水平的制约，"体教融合"的发展水平自然而然也要受到经济的制约。当前，融合工作随着经济发展已进入了追求更高质量的阶段，高校正积极转变融合发展方式，优化体育和教育融合发展的结构，为融合发展提供转化增长动力。

例如：良好的经济基础，使得高校体育的场地设施逐渐满足竞技体育的需要，并有能力向群众体育延伸；薪资待遇的提升，使得专项人才的引进，以及提升高校体育开展高水平竞技体育培训成为可能；发挥高校体育的科研能力，提高我国体育科技的学术理论水平，促使训练科学化系统化；扩大了学校体育规模，丰富了竞技体育项目，汇集更多的学生、学生运动员的待遇有所提高，训练费用及奖学金提供了基本保证。

第二章 高校"体教融合"的内涵

本章对高校"体教融合"的内涵进行了分析,主要从高校"体教融合"的相关概念、高校"体教融合"的实施背景、高校"体教融合"的相关研究这几方面出发。

第一节 高校"体教融合"的相关概念

一、"体教结合"的概念

(一)"体教结合"的形成背景

1. 专业队体制作出的巨大贡献

在探究体教结合的背景的时候,我们需要认识到专业队体制作出的巨大贡献。可以说,我国体育健儿在奥运赛事上的优异表现是和专业队体制作出的巨大贡献分不开的。

(1)帮助中国竞技体育获得快速发展

应该说,在我国竞技体育的发展过程中,专业队体制作出了不可磨灭的贡献。它的出现,与当时的国情基本相适应,而且对于竞技体育综合实力的提升也起到了很好的促进作用。

在举重方面,我国的运动员陈镜开表现出色,在中苏举重友谊赛上,他取得了 133 公斤的成绩,一举打破了该方面的世界纪录。这也是中国运动员所打破的第一个世界纪录。

在跳高方面,我国运动员郑凤荣是第一个打破世界纪录的中国女运动员。

在乒乓球方面,我国运动员取得的成就更不用说了,十分瞩目。在 1959 年,中国历史上第一个世界冠军诞生了，那就是获得男子单打世界冠军的容国团。

在射击方面，我国的运动员许海峰实现了奥运金牌"零"的突破。在洛杉矶奥运会上，他获得了我国历史上第一枚奥运金牌。这对于中国体育的发展具有重要的里程碑式的意义。

在奥运会上，我国取得的金牌数整体上呈现不断上升的趋势，尤其是在北京奥运会上，我国取得了51枚金牌，位居榜首。这是在历史上值得纪念的一次奥运会。

以上这些都说明了我国已经不再是体育落后的国家了，如今，中国早已成为竞技体育强国。

（2）打破了国外对中国的封锁

专业队体制的发展在一定程度上打破了国际上敌对势力对中国的封锁。由于我国是社会主义国家，在中华人民共和国刚刚成立之初，很多资本主义国家对我国采取了孤立的政策，尤其是以美国为首的一些国家。专业队体制能够适当打破其他国家对于中国的封锁。

特别需要注意的是，中苏关系虽然之前是良好，但是在1960年公开破裂。基于国家安全的考虑，为了打破封锁，中国开始在中美关系上尝试改善。

1971年，"乒乓外交"的序幕拉开了。当年的3月份，中国乒乓球代表团参加了第31届世界乒乓球锦标赛。这个比赛在日本召开，同年4月份，美国乒乓球代表团抵达日本。当时，收到中国乒乓球代表团的邀请后，美国乒乓球代表团访问了中国。之后，在4月18日，中国乒乓球代表团也访问了美国。美国的尼克松总统开展了接见活动。可以说，"乒乓外交"拉开了中美关系正常化的大门。

在这样的背景下，竞技体育的其他方面也开始有了交流。适当的交流能够促使体育获得发展。在篮球方面，4月14日，中国女子篮球队前往古巴进行访问，这次访问可以说是第一次外访活动的开展。在当时的时代，这些访问活动有效促进了我国与不同国家的友谊。

可以说，在体育和教育相互分离的情况下，专业队建制给予了中国竞技体育的发展很大的促进作用。

（3）专业队建制体现了一定的奋斗精神

在专业队建制的影响下，我国体育运动员们在不断拼搏中展现出了顽强向上的精神。这种精神具有很强的鼓舞作用，让我们看到了中国人民的精神力量，成为中国人民共同的精神财富，不断地鼓舞着人们艰苦创业、奋发向上。

2. 专业队体制的局限性

具体表现在以下几个方面。

（1）忽视了运动员全面系统的文化教育

①忽视了运动员受教育的权利

很多国家都十分重视受教育权利，尤其是第二次世界大战之后，教育已经成为人们的基本需求，人们要想获得更好的发展就必须接受教育。而且教育已经成为人们的一项基本权利。在很多文件中，比如《世界人权宣言》《儿童权利宣言》等，都规定了人们的基本受教育权利，所以人的教育需求应该得到满足。

但是在某种程度上，我国的一些运动员的受教育权利没有得到保障。在这样的情况下，很多时候体教结合就难以获得好的效果。在我国，一些运动员，大部分时候都在单调与封闭的环境中进行训练活动，尤其是一些在特殊体育项目中有着很好表现的运动员，他们将重点放在了体育训练方面，很少能够真正完成九年义务教育。他们一般来回于宿舍、训练场、食堂这三点一线。在这样的情况下，虽然运动员在体育项目中获得了很好的成绩，但是却没有在文化课方面获得很好的成绩。这就导致他们在发展方面是不平衡的。

②影响运动员退役后的生存与发展

很多时候，国家之间的竞争其实就是人才的竞争，就是劳动力的竞争。不管是在社会经济方面，还是在科技方面，人才都决定了一个国家的发展水平。而对于人才培养来说，教育是不可忽视的一个渠道。对于运动员来说，他们退役后需要基本的文化素质来进行谋生，如果不能让他们接受良好的文化教育，那么会对于他们今后的生活造成一定的影响。

我国采取专业运动员体制之后，很多运动员从一开始就不进行文化课学习了，在进入体校后只接受专业体育训练，从少年业余体校到省队、国家队，这样一级一级地往上升，那么相对比较封闭的训练环境就形成了。很多运动员为了取得更好的体育成绩，为了给国家争光，不再进行系统的文化学习。这样一来虽然他们取得的体育成绩很是喜人，但是却会在退役后面临生存与发展的困境。比如说，邹春兰曾经是全国的举重冠军，也是世界纪录的保持者，她在退役后却因为文化水平太低难以找到很好的工作，甚至曾经在澡堂给人搓澡。这就反映了专业运动员体制运行中的一些问题。

事实上，如果运动员的文化教育不够，在一定程度上也会给社会增加负担。相关学者的研究发现，我国的退役运动员的人数是逐年增加的，比如说，1981年，全国待安置的退役运动员为 2432 人,到 1988 年则成为 5212 人[1]。据 2003 年统计,中国现役注册运动员约 14000 人,正常年份里退役待安置的运动员会达到 3000 人左右。而且在全运会年、亚运会和奥运年,退役人数还会加倍。如表 2-1-1 所示,2002 年一些省区的退役待就业运动员基本情况已经不容乐观了。

表 2-1-1　2002 年 8 个省区退役待就业运动员基本情况

省区	占在队运动员比例	占总人数百分比
湖南	30	22.8
吉林	40	12.3
广东	23.3	26.6
广西	25.7	16.5
辽宁	34.5	31.6
内蒙古	8.7	7.3
四川	30.1	29.3
宁夏	78	52.9
合计	28.9	24.2

资料来源:国家体育总局人事司 2002 年《全国体育人事工作调查报告》。

③运动员缺少道德教育环境的熏陶

需要注意的是,在道德方面,一些运动员的表现也存在不足的地方。改革开放以来,在市场经济的影响下,再加上运动员缺少文化教育,所以很多运动员可能会做出一些不符合社会道德的事情。这样一来,运动员不但难以给社会产生良好的影响,还会在一定程度上造成个人发展的阻碍。可以说,这样"重物轻人"的思想在某种程度上对于个人和整体的发展都会产生不良的影响。

就拿中国足球的运动员为例,从一些足球运动员的发展情况来看,他们不但在职业成绩发展方面没有取得很好的成绩,还在职业道德方面表现出众多的问题,比如不服从裁判、打骂裁判等。足球竞技场上出现的"黑哨、假球、赌球"等反映了道德方面的一些不足。

---

[1] 蒋兴宏,王宇颖,张淑华,等.退役运动员安置现状的调查与反思[J].沈阳体育学院学报,2005(02):28-30.

我们应该认识到，运动员的道德素养也是十分重要的一个部分，只有充分将他们的道德素养提升起来，才能更好地使其以良好的精神面貌投入体育训练与比赛中。

（2）影响了中国竞技体育的可持续发展

①运动员人力资源大量浪费

现在运动员的训练越来越科学，对于很多竞技运动来说，只有经过科学的训练，运动员才可以在这个方面获得更好的发展。而对于科学的训练来说，不但要求运动员能够在训练方面表现出色，还要求运动员具备良好的智力与文化素养，这样才能更好地理解一些技巧。

现代运动训练实践也证明，受教育程度高、智力水平高的运动员才能真正在世界大赛中获胜。因为具有较高运动智能的竞技选手，对于本专项竞技的特点和规律有着较为深刻的把握，对于训练的理论和方法也有更为准确的认识和体验。一方面，他们在训练中就能够正确地理解教练员的训练意图，能够使自己的行为配合教练员高质量地完成预定的训练计划。另一方面，具有较高运动智能的竞技选手，善于正确地理解先进的、合理的运动技术，准确地把握运动战术的精髓和实质，在比赛中善于灵活机动地运用战术。苏联运动训练专家马特维耶夫曾在1982年体育科学报告会上指出：未来运动成绩的增长，主要不是靠最大限度发挥运动员的体能和机能，而是挖掘运动员的思想和智慧。这充分说明了文化教育对竞技水平提高的重要性。

需要认识到，因为专业训练体制的影响，我国竞技体育训练中，很多教练员本身的文化水平就不高，他们在体育训练中只是单方面进行体育方面的指导，难以对于学生展开文化方面的教育。这就很容易让学生陷入"粗放型"训练的发展道路。从长远来看，这种忽视文化教育的训练会在一定程度上造成高投入低产出，而且竞技体育很难获得很好的发展。

从全国的情况来看，平均每年有接近两千名的运动员从业余训练队伍被吸纳到专业训练队中，这一人数大约只占青少年在训人数的一成。

20世纪90时代的时候，我国体校培养的竞技体育后备人才中被专业队吸纳的人数不到百分之十，在这样的情况下，体校培养的竞技体育人才的成功率是比较低的。这就反映了运动员的培养在人力资源方面存在严重的浪费现象。

②竞技体育后备人才日渐萎缩

上文也提到，在专业队体制的影响下，运动员的发展道路是从业余体育训练到省队再到国家队。在这样的"三级训练网"的影响下，竞技体育后备人才日渐萎缩是一个不容忽视的问题。具体表现如下：

首先，由于市场经济体制的影响，更多的人力资源已经走向了市场化。在这样的影响下，运动员退役安置的政策被改变，很多运动员退役后不能再进到体制内。这样就会导致一些文化水平低的运动员在退役后难以找到工作，不能获得很好的发展，进而导致一些青少年不再从事体育训练。这样下去体育的长远发展也受到了严重的影响。

其次，很多青少年没有重视"德、智、体"的全面发展，而且即使从小接受体育训练，也难以考虑将体育作为一项终身从事的事业。在这样的情况下，其实很多人认为开展体育训练是风险性很大的活动，更多的家长不愿意让自己的孩子去从事体育运动。

所以说，在这样的情况下竞技体育能够招揽到的人才是越来越有限的。从目前的情况来看，全国少儿体校不超过万所，更别说能够被编入国家队中的了。相对于全国14亿人口来看，我国体育的后备力量是十分有限的。要想促使我国的竞技体育获得发展就不得不重视这一问题。

③封闭性的训练体系制约了竞技体育的发展

专业队体制建立的时候还是计划经济的时期。事实上，它能够满足那个时代的发展需求。当时，各种资源被集中起来，然后再统一地运用到体育系统中。虽然这样能够更好地促使资源得到运用，但是会在一定程度上导致体育系统有一定的封闭性，导致社会上的一些资源缺乏有效渠道融入体育系统之中。

虽然这种体制能够在计划经济时代发挥良好的作用，但是随着时代的变化，其很难不影响到我国竞技体育的良好持续发展。具体来说，结合时代发展的需要，它主要的问题体现在以下几方面：

首先，人才的流通性不够畅通。在封闭的系统中，不同地区之间的运动员交流存在一定的障碍，而且运动员与运动员、运动员与教练员之间的交流也会受到一定的限制。

其次，在规模方面竞技体育很难获得更好的发展。在封闭的专业队体制下，很多资源都会向奥运优势项目倾斜，这就会导致优势项目越来越强，而弱势项目则会越来越弱。这怎能不对竞技体育的可持续发展造成障碍呢？

最后，利益方面的矛盾会越来越突出。在三级训练体系中，各个训练主体之间是割裂的，省市之间，省队和国家队之间，可能会发生一定的矛盾。举例来说，全运会和其他的全国性的比赛之间就缺乏一定的合作性，职业赛事和非职业赛事也在一定程度上缺乏联系。这都会影响人才的培养工作。

由以上分析可知,专业队体制存在很多的局限性,还需要随着时代的变化而不断改革创新。

3. 专业队人才培养体系的主要特征

第一,在模式上,从传统的"体校—省队—专业队"已经向"小学—中学—大学"的新三级模式转变,但是仍然无法实现"大学—专业队"的飞跃。

第二,在竞赛和训练方面,从过去单一化、封闭式的赛事模式,逐渐形成了具有本土特色的赛事。但是教育系统和体育系统组织的比赛在组织上、管理上以及命名上没有统一起来,甚至出现很多重复的地方,没有形成完善的竞赛系统。对于比赛的思想始终没有转变,学生的动机不一,有升学需要的,还有一部分是成为职业运动员的,教练的核心思想仍然只是停留在"奖牌第一""成绩第一"的层面上,而运动员也是被"利益第一"的思想所左右,人才培养体系中的训练模式表现出"举国体制"下所呈现的特点。在训练时长与频率上并没有规定,每周训练次数不定。比赛期间训练次数会增加,临近学期末,训练次数又会减少,长期以来,这种训练方式会影响学生运动员身体竞技状态,不合理的训练模式也会导致运动员伤病增多。

第三,在管理上,由于教育部和体育部两个部门之间职权的模糊性,国内学生在校园内的体育活动出现政策空缺,造成学习和体育之间的不平衡。虽然对于体育特长生有相关政策的扶持,但是在一些具体指标上,并没有落实到位,也没有相关的管理部门及法律政策来约束。比如说,在高考中通过体育加分来到大学的学生,进入大学后对其成绩怎样量化才算合格?还有一部分体育突出的学生进入到校园之后,无法选择自己喜欢的专业,从而对学习的兴趣日趋减弱。各年龄层次没有灌输一个良好的职业规划思想。教练看重的是短期高竞技水平、精英化培养,没有做到让每个学生全面协调发展。对于参与校园体育活动和学习成绩的关系并没有考虑,很多不具备进入职业运动队资格的学生对自己未来的职业发展迷茫。

第四,从职业规划和保障体系来看,参与校园体育运动的学生,无论是小学、中学还是大学,并没有灌输一个良好的职业规划思想。

(二)"体教结合"的提出与形成

1. "体教结合"的提出

党的十一届三中全会之后,我国的各项改革工作都走上了正轨,中共中央、国务院通过各种文件对于不同方面如教育、科技等进行了改革工作的部署,当然体育也不例外。

"体教分离"已经严重制约了"人的全面发展"和中国竞技体育可持续发展，以及给社会带来了负面问题，对"体教分离"培养竞技体育后备人才模式的改革迫在眉睫。

1979年，原国家体委提出"优秀运动队向院校化过渡"的方针。随着国家的逐步稳定，体育、教育事业也逐步稳定，特别是我国在1984年奥运会上夺得16枚金牌，推动了体育事业的快速发展，"体教结合"被提上重要日程。在此期间，体育与教育部门紧密配合，"体教结合"政策初步酝酿和实行。

1984年10月，中共中央发布了《关于进一步发展体育运动的通知》，指出："在本世纪末把我国建设成为体育强国，以增强全民族的体质、强国强民""必须坚持普及与提高相结合的方针，采取有力措施，使体育运动不断向新的广度和高度发展。要积极发展城乡体育活动，努力提高健康水平，重点抓好学校体育，从少年儿童抓起。在增强学生体质的同时积极开展业余体育训练。"[①]

为了落实中共中央《关于进一步发展体育运动的通知》的精神，1985年12月27日至1986年1月1日，原国家教委和国家体委在山东省掖县（今莱州）联合召开了全国学校业余体育训练工作座谈会，原国家教委副主任邹时炎作了"加强学校体育工作，重视体育后备人才培养"的报告，原国家体委副主任何振梁作了"积极开展学校业余体育训练，努力提高学校体育运动技术水平"的报告；制定了开展学校业余训练的长远规划《关于发展学校业余体育训练、提高学校体育运动技术水平的规划（1986—2000年）》（征求意见稿）；具体明确了学校业余体育训练的指导思想，即要全面贯彻党的教育方针，做到普及与提高兼顾，在增强学生体质的同时，积极开展业余体育训练，培养体育后备人才。

可以看出，1985年12月27日至1986年1月1日掖县会议是一次探讨建立符合教育、体育规律的学校体育课与训练体系，培养高水平后备人才的会议。它拉开了"体育与教育结合"培养竞技体育后备人才的序幕。

2. 体教结合模式的特点

第一，体育与教育紧密结合。高校招收来自全国各地的高水平运动员，给其灌输高素质文化知识，使其在自觉接受文化教育的同时提升体育道德观念，通过素质教育及体教结合模式促进运动员整体素质的提高。运动员必须真正在高校学习，有足够的时间吸收文化知识，才能真正发挥出培养高水平运动员的作用。

第二，教练员与教师紧密结合。各高校教练员在体育人才培养方面付出的努力，对于高校内高水平运动员的培养尤为重要，这也就需要教练员的技能素养更

---

① 中共中央《关于进一步发展体育运动的通知》（中发〔1984〕20号）。

高，优秀的教练员不仅具有超高的实践知识理论和带队发展能力，更需要具备全面且前端的技战术能力，用以说服各运动员遵守队内一系列规则制度。在文化知识的学习上，教师发挥着至关重要的作用，需要不断增进自身体育文化水平来帮助高水平运动员进行有效学习，结合所学到的体育理论知识加之技能的训练来提高自身运动成绩。教师与教练两者都在运动员发展过程中占据最为重要的地位，若紧密配合起来，将对运动员自身发展更有效果。

第三，竞赛与成绩紧密结合。近年来各高校致力于发展传统体育并取得了辉煌成果，运动员进入高校后接受文化教育的同时不断增强自身运动水平，然而，体育竞赛无疑是检验运动员运动水平的最好方式。比如说，西藏民族大学从9月初开始从非体育专业学生中选拔组建代表队参加各级比赛，取得优异成绩，主要体现在民族传统体育项目上。这一举措扩大了体育人才的培养面积，对学校发展来说无疑产生有利影响。比如说，藏式摔跤表演项目与射箭项目均被大家认可并接受，被加入陕西省全国少数民族传统体育运动会比赛中；校内的高水平运动员均参加了陕西省第五届、第六届、第七届、第十一届少数民族传统体育运动会比赛并获得优异成绩。

（三）概念形成的阶段总结

1.1949—1965年：体教结合政策的酝酿和形成

1949—1965年，这个时期属于中华人民共和国成立没多久的时候。那个时候，由于物质生活还不够丰富，大部分人的身体情况并不是很好，我国人民整体上的健康状况令人担忧。特别是学生这个群体，当时学生患肺病很常见。针对这个情况，我国主张人民要做到身体好、学习好、工作好。身体才是革命的本钱。

这样的观点在当时受到了极大的推崇，从那之后，人们开始重视起了自己的身体健康。在这样的情况下，体育教学工作受到了极大的重视，体育与教育工作开始被放到一起。

可以说，1949—1965年，是体教结合概念形成的酝酿时期。在这个时期，思想理论基础和政策基础都有一定的发展。在这个时期，一些体育机构和体育部门成立。当时，体育和教育部分能够相互联系，在政策制定方面互相补充，协同发展。

2.1966—1976年：体教结合政策的波折

1966年至1976年，在这一阶段，体育的发展遭到了一定的阻碍。在这样的情况下，体育整体上的发展情况不是乐观的。

3.1977—1985 年：体教结合政策的恢复和发展

1976 年 10 月粉碎"四人帮"后，各项工作逐渐走上了正轨，体育也不例外。这一阶段，体教结合工作也迎来了新的发展机遇。不管是在理论上，还是在实践上，体教结合工作都能够取得了一定的进步。尤其是在 1984 年的奥运会上，我国的金牌数取得了很大的突破，有 16 枚。

应该说，体育事业的发展在这一阶段是逐步稳定的，体教结合也是处于比较受重视的地位。

4.1986 年至今：体育教育结合政策获取很大发展，迈入成熟阶段

1986 年，前国家体育委员会就曾经在对政府的报告中指出：应将学校体育作为发展的主要方向。依照运动项目特征与每个地区的现实条件，坚持将学校作为基础，找到重点，结合当地条件发展各种训练形式。国家鼓励、大力支持有条件的高等院校设置高水准的运动队伍。很多年后，高水准的运动队伍（首先是集体项目运动队伍）大多数在城市、行业、公司与高校中。有条件的省以上的杰出运动团体摸索着向学校化转变，做好教育和体育的结合。竞技体育实施一边读书一边训练，建立了学分机制、体育奖学金机制。1986 年，原国家体育委员会、国家教育委员会在山东省掖县（今莱州）举行会议，决定在高等院校中尝试组建高水准的运动队。一些政策的制定，象征着体育与教育融合取得了很大的进展。

可以看出，体育教育结合是伴随时代发展而持续变革的一个概念，不同时代，伴随当时社会背景的变化与人民认知的变化而被赋予不同的内涵。中国早些年关于"体教结合"的探究是从以怎样应对杰出运动员的文化学习问题，逐渐延展到培育杰出运动员后备人才方面，且伴随社会、经济和教育的持续发展，其含义也在不断扩充。

首先，体育教育结合是在建设有中国特色的社会主义大背景下，在体育范畴与教育范畴内一个独特的形式，也是教育理念转变的重大转变。

教育机构与学校在知识教育、科技探究等方面有着巨大优势，这是可以利用的重大资源，体育与教育的有机结合将为体育的发展提供更丰厚的土壤，有利于社会体育资源的积极运用，有助于体育事业的长期稳定发展。体教结合是中国竞技体育长期发展的不二之选的观点正在受到广泛的认可。

对此，有学者指出"体教结合"是体育机制和教育机制相互结合，以培养优秀竞技体育后备人才与顺应社会发展需求的"有理想、有道德、有文化、有纪律"人才为目标，一方面依照训练原则，保障系统的业余训练，另一方面又依照教育原则，保障系统的知识学习，积极运用体育和教育两个机构的优势进行培养与教

育,是中国培养竞技体育后备人才的重要形式。

其次,体教结合必须遵循体育与教育两个系统的原则,一方面依照训练原则,保障系统的业余训练,另一方面又依照教育原则,保障系统的知识学习。不仅要解决优秀运动员的文化课问题,还要关注我国竞技体育如何健康、持续、快速发展。

最后,体教结合要通过整合体育与教育两个系统的资源,提高效能,形成合力,共同培育竞技体育后备人才。教育部门有生源,有全方位培育人才的有利条件,有实力较强的知识教育师资力量与教学设施等。而体育机构有培育人才专业能力的有利条件,有竞技体育专项技术有利条件,有场所、器械等运动设施。两者互相结合,是有效培养竞技体育人才的重要基础。

"体教结合"的含义还可以通过三个不同的角度来理解,有学者认为,微观层次的"体"指的是运动训练,"教"指的是文化知识的学习。"体教结合"是立足于运动员的角度,也就是运动员在进行日常运动训练的同时需要学习知识。文化知识与专业训练都很重要,文化知识是运动员取得运动成绩的不可缺少的支持力量。应立足于微观角度,着力解决对"人"实施教育不充分的问题。唯有全面的教育才是理想的教育,教育是一个总体,自身包含了德育、智育、体育、美育等,它是不可以拆解的,人在进行学习时,也应是全方位的、完整的、平衡的,任何一项都不能缺少,真正的人才应是在全方位发展的前提下又具备专业技能。

立足于中观角度,"体"指的是竞技运动,"教"指的是各级各类学校。"体教结合"是重点对于各级各类学校来说的。一直以来,体育和教育就有着密切的关联,体育始终是教育的不可缺少的一部分,在推动人的长期发展过程中发挥特别重要与突出的作用。将竞技体育人才培育划入教育系统,让竞技体育和教育全面结合,不仅能够推动竞技体育人才提升文化水平、人文素养与专业理论水准,为获取杰出的运动成绩打下基础,还为其未来的长期发展创造好的条件。应立足于中观角度,解决竞技体育人才与学校教育思想脱离的问题。竞技体育和教育本具有相同的目的,它们互相依托、互相支撑,一同附着在"学校"这个基本点上,即"学校"是两者互相影响的载体。

立足于宏观角度,"体"指的是体育管理机构,"教"指的是教育管理机构。"体教结合"是对于各个层级的体育机构与教育机构来说的。为了竞技体育全方位、协调、长期健康的发展,为了在人本理念下培养全面发展的高水平竞技体育人才,体育机构与教育机构应以一致的目标为导向,实行两个机构之间的融合。应立足于宏观角度,解决体育机构和教育机构的脱离现象。自从1986年国家教育委员会、国家体育委员会全方位展开"学校业务体育训练,培育高水平学生运动员试点学校"以来,教育系统积极发展高水准运动试点高等院校、试点中学,体育机构积极发展体育传统科目学校,打造国家高水准体育后备人才培育基地。两个机构各自构建了本机构的人才培育机制。一条是教育机构利用降分扩招等措施自己组建学校高水平运动队伍、组织成体系的运动训练和竞赛,构建了体育后备人才试点小学—优秀体育后备人才试点中学—高水平运动队试点大学的"一条龙"业余训练体系。另一条是体育机构运用单招等独特制度自己组建以体育传统学校、业余体校(小学、中学部)—体育运动学校(中专)—运动技术学院或进修学院(全日制、成人)大专的"一条龙"教育体系。

也有学者从"体教结合"和"教体结合"两个方面来分析探讨,认为两个概念是两种不同的教育模式。一些学者认为,"体教结合"的提出是为了解决竞技体育人才培养过程中呈现的学训冲突,增加中国竞技体育人才的培育途径。无论对教育体系还是体育体系而言,"体教结合"仅是各取所需。教育体系并未期望全部依托自己的资源能够培养出能参加奥运会的运动员,体育体系更不希望通过此培养方式来替代过去的培养方式,所以"体教结合"的内涵就被赋予了"专业化的竞技运动和教育部门结合",即在过去培育方式的前提下,依托教育部门的外衣,经过这样的融合来解决专业运动员退役后的生活。"教体结合"是在"体育教育融合""学校运动队伍""民间力量办学""三位一体"等各种竞技体育后备人才培育体系的现实基础上制定的。它的提出体现了一个突出的主题,即转变中国竞技体育后备人才培育的非自然渠道,让体育回到教育的道路上来,构建以教育体系为主,利用学校业务训练培育竞技体育后备人才的新模式。有学者认为"教体结合"是建立以教育系统为主,通过学校课余训练培养竞技体育人才的模式。

(四)高校"体教结合"的目标定位与管理体制

1. "体教结合"的目标定位

一切的活动都是以目标为导向,只有明确的目标才能指导活动的有序进行并取得成功。体教结合培养高水平运动员的目标定位应该是为国家培养全面发展的高水平体育人才,目标是完成重大比赛的参赛任务,为国家奥运争光计划和竞技体育可持续发展作贡献。

在通过对我国各个体教结合模式的研究后得出如下结论:在清华模式下其目标主要分为三个层次的目标,第一个层次是在全市的比赛中打出高校的声誉,第二层次是在比较具有代表性的比赛中取得优异的成绩,第三层次是通过取得的优异成绩来带动高校的校园体育文化建设，从而丰富高校校园文化生活。

南体模式在培养目标上跟清华模式大同小异，存在的不同点在于南体模式是通过竞技比赛的魅力来促进高校的体育发展，以此丰富校园文化生活。

而对于"省队校办"模式来讲，其培养目标主要是立足全国、展望奥运，勇夺佳绩；同时通过不断承办各项专业赛事，以此来宣传和提高大学的影响力。就拿我国唯一"省队校办"的运动队江苏省女子垒球队来讲，其主要是依托于南京工业大学所建立的，在国内及国际性的各项赛事中取得了很多大大小小的冠军，这很好地对南京工业大学进行了宣传，同时该校的社会影响力也显著提升。

但是就目前我国的高校的培养模式来讲，比较特殊的就是上述的三类模式，除此之外我国大多数的高校都是采取"混合型"培养模式。通过相关的调查显示，我国大部分的高校对校运动队建设的目标定位认识不一，但是绝大多数都是将首要目标放在省级赛事中取得好成绩并冲击全国，提高高校的品牌，其次是通过办高水平运动队来推动校园体育的开展，然后才是为国家培养优秀体育后备人才。受限于大学运动员的实际情况，很少有高校将比赛目标定位于世锦赛或者是奥林匹克运动会成绩；在思想上，仍然停留在传统的运动员训练理念，尚未践行体育的教育作用，对运动员实施综合素质培养方案。

国内对于体教结合模式的实践探索不断取得进步。此前国内高校都应相关部门的要求，招收运动成绩优异的中学生、在校大学生组建高水平运动队，进行训练与培训。在这个过程中，忽略了体育资源的重要性，并没有达到预期的成果，后来高校将招收的重点转移到体校、退役及现役运动员上，虽然投入较少，但是取得的成效却相当好。在此过程中，体育部门通过高校解决了一部分运动员的出路，教育系统则受益于运动成绩带来的声誉效益的双赢选择，实际上背离了"体教结合"的初衷。长远来看，"体教结合"培养综合素质人才实际上与收获效益并不矛盾，但是短期逐利行为仍难以避免。

2. "体教结合"的管理体制

体育管理体制是实现工作目标的组织保证，包括部门设置、权责规划、监督监管等。通过内部自身管理机构和国家管理高校竞技体育机构两方面的相互协作，使得高校高水平运动队实现正常运转。

高校运动队管理和体育与教育融合发展都离不开相应的体制建设。我国高校竞技体育主要由国家体育总局和教育部联合管理，而课余体育训练主要由教育部体卫艺司的训练处负责，中国大学生体育协会主要负责全国大学生运动会以及举办全国性高校组比赛。开展大学生体育活动过程中，国家体育总局会对整个大学生体育活动进行技术指导，因此国家体育总局也参与管理。我国高校队伍的管理体制均是在此基础上根据学校实际情况进行自主建设的。

我国普通高校竞技体育组织结构：内部管理结构上，由校领导兼职统筹体育相关工作，体育学院/系/部负责专业工作，定期由校领导小组召开会议，组织协调校内各职能部门进行配合。

因此可以说，高校运动队建设情况受人为因素特别是领导个人因素影响很大，领导的个人好恶直接影响对体育项目的支持力度。与一般性的体育教育相比较，高水平的运动队往往需要投入更多的人力物力及财力资源，这些都不是高校内某一个部门单独就能承担的，需要领导从中协调各个部门共同工作才能完成，因此该项工作必须引起领导的高度重视。

（五）我国高校"体教结合"培养模式

"体教结合"培养模式从宏观方面来说可以分为三种：其一，将体育后备人才的文化学习与运动训练全部放置在体育部门的管理下进行，我国体教结合的目的主要依靠体育学校来实现；其二，文化学习在学校内进行，而运动训练在专门的培训机构进行，如法国、德国、澳大利亚等一些国家的培养形式，虽然这些国家也存在类似于我国业余体校性质的专门培训机构，但是体校不占主导作用，只是处于补充地位；其三，文化学习和运动训练都在学校内进行，如美国、韩国的培养形式。

从微观方面来看我国的"体教结合"，又可划分为六种培养模式：直接引进退役的优秀运动员模式、联合办队或直接招收现役的优秀运动员模式、自主招生培养模式、"一条龙"培养模式、竞技运动学校模式和三位一体模式。

有学者阐述了高校体育教育结合的六种培养模式：

第一，直接引进退役的优秀运动员模式，也就是高等院校从专业运动队中引入退役的优秀运动员。此种模式尽管解决了一部分运动员的后顾之忧，可是无法解决大部分运动员的后半生生存问题；并且此类运动员一心想多学些文化知识，对训练已经没有多大的兴趣，也几乎不参加高水准的竞赛了。这种模式对高等院校竞技运动水准的提升与培育全方位发展的高水平体育人才起到的作用有限，也不能视为实质意义上的体教结合。

第二，联合办队或直接招收现役的优秀运动员模式，也就是高等院校和体育部门协同组建高水平运动队或者一同培育当前在役的专业运动员，由高等院校负责学籍、知识文化教育与学历证明的发放，体育部门负责专业训练、生活管理。

第三，自主招生培养模式，也就是高等院校运用国家予以的优惠招生制度，利用高考或者自主招生等方式，从专业运动队的青年运动员、体育学校的运动员、高中的体育特长生中直接选拔进行培育，运动员在高校学知识和参与训练。当前，很多高等院校运用此种模式。此种模式是当前体教结合的一种比较理想的表现方式，从某种意义上说，是真正实质上的体教结合的一种方式。此种模式对于提升高等院校体育竞技水平，培育全面发展的高水平体育竞技人才，促进高校体育文化的活跃十分有利。

第四，"一条龙"培养模式也就是高等院校和中学、小学上下贯通、有机衔接，构成教育体系内部的单独培养机制，从育人角度出发培育高水准运动员与体育后备人才。"一条龙"培育模式注重"三在"，分别是"在学校居住，在学校学习知识，在学校参与训练"，培育的是"学生运动员"而不是"运动员学生"。此种模式注重学生运动员将知识的学习与训练的学习为主体，成体系、全方面地接受各个阶段的基础教育，且以此为基础发掘个人的运动能力，在最好的运动发展时期取得最优异的运动成绩。

第五，竞技运动学校模式，也就是在体育专业类学校中设置竞技运动学校，培育竞技体育后备人才。比如北京体大、武汉体育学院、上海体育学院、成都体育学院等。另外，部分体育类学校正在从单科类型高校调整为多科类型高校，更加接近于向竞技教育方向发展，比如成都体育学院。

第六，三位一体模式，也就是把高水平运动队与体育研究院所均设立在体育高校内，把训练、教学、研究三者相融合，构建从儿童到成年的竞技体育一条龙的培育机制，比如南京体育学院等。"三者融合"与"三位一体"的本质就是调整单一的以培育体育师资为重点的培育方式，让学校的培育计划、专业设置、教学内容、体制架构产生本质上的转变，为国内竞技体育的发展寻求一条新的道路。

这六种培养模式强调的培养形式各有所长，目前我国大多数综合类高校多选择联合办队或直接招收现役的优秀运动员模式以及自主招生培养模式。而体育类高校则大多选择竞技运动学校模式和三位一体模式。

此外，通过我国当下"体教结合"培养模式的相关研究发现，我国高校在"体教结合"的模式上主要采取结合程度进行划分，目前得到普遍认可的主要有四类，分别是"清华模式"、"南体模式"、"省队校办"模式和"混合型"模式，而在"混合型"模式中又可分为"一般混合型"和"强力混合型"模式两种类型。

第一，"清华模式"。清华大学特有的模式，通过招收运动员参与清华自主培训体系，然后到专业队注册，代表专业队比赛取得了一定成绩，但是因为大体协的规程限制，专业队注册运动员并不能代表清华大学参加比赛，导致这种模式逐渐被废除，跳水队和赛艇队相继解散；学校本身也回归高水平运动队招生和培养，向"一般混合型"靠拢。

第二，"南体模式"。南京体育大学充分利用自身体育教学、科研的特长，结合江苏省体育训练基地的场地设施、人力资源培养了大批专业队人才。以南京体育学院为主体、江苏省专业队人员为培养对象，既发挥了教育系统的作用，又保障了专业运动员在省队的训练；大量的高水平运动员在校生活、训练，使竞技体育在学校的氛围十分浓郁，创办了"中国网球学校"的品牌，与培养了穆雷等多位网球名将的桑切斯网球学院进行联合办学，打开了队员的全球视野，切实提高了专项水平；学校比邻江苏省队训练基地，疏通了与专业队的交流渠道，学校的体育科研工作有了可靠的数据来源，相关研究成果又可以快速转化应用于实际训练中，体现了科学发展观指导思想，提升了训练的科学化水平。"南体模式"的根基是体育院校，随着综合类院校"体教融合"工作的不断深入，其发展必定会受到冲击。

第三，"省队校办"模式。"省队校办"模式就是将省体育局的某些项目放到高校内，由高校提供教育资源和基本生活保障，训练工作仍由体育局的专业团队承担。这种模式在全国相对较少，其表面上体现了"体教融合"的精神，既让运动员接受了专业的训练，又参与了大学文化课程，但实际工作中仍是以体育系统为主导，教育系统很少能参与其中，也缺乏决定权；下放项目多为发展情况不佳的边缘项目，损害了有关单位的工作动力。此外还有"省市校"共建队伍，如江苏省体育局、苏州市、苏州大学共建江苏省跆拳道队等。

第四，"混合型"模式。"混合型"模式是由高校自行建立高水平运动队或者与地方体育部门进行联合培养，根据混合程度上的差异又分为"一般混合型"和"强力混合型"。"一般混合型"的高校既招收专业运动员，又自主发展高水平运动队，主要代表有中国矿业大学。该校在 2009 年 CUBA 男子篮球比赛获得冠军，次年又夺得亚军；在游泳项目上，培养了 50 米仰泳全国冠军王若男；定向越野项目上，培养了男子亚洲锦标赛冠军邓丰同志（运动健将级），取得了一系列优异的成绩。"强力混合型"以苏州大学为代表，培养世界游泳锦标赛冠军、奥运会冠军孙杨等多位具有奥运金牌竞争力的优秀运动员。

综上所述，"混合型"模式依托于高校自主建队接受体育系统的指导和联合培养，是最适合向"体教融合"阶段推进的模式，其有利于运动员在体育技能和文化修养的共同进步，既可以升华大学竞技比赛项目的水准，又可以刺激普通学生群体的体育热情，推动阳光体育活动的发展，是一种双赢的模式。

（六）现行"体教结合"模式存在的问题

体教结合提出以来走过三十多年的路程。在国家"十二五"规划开年之际，在体教结合的基础上更高层次的体教融合被提上日程。这无疑说明体教结合已经渐渐跟不上社会的高速发展，暴露出了许多亟待解决的问题与弊端。

体教结合的问题总结看来主要集中在以下几个方面：

第一，体教结合的初衷与实际局面不符合，体教结合最初提出构想是为了缓解竞技体育人才培养过程中突出的学训矛盾，拓展国内竞技体育后备人才的培育途径。然而现实中却是体育机构期望把高等学校高水准的运动员划入传统的训练系统，作为运动员保障机制的"退出体系"之一，在不阻碍当前竞技体育体系的基础上查漏补缺；而教育部门期望运用组建高水平运动队的相关招生制度，经过吸纳退役运动员与当前服役运动员，尽早构建高水平运动队，来提高学校的声望，提升本校体育竞赛的竞争优势，加强学校的凝聚力，让校园体育文化更加活跃。

第二，初衷与实际形势的不一致导致了严重的"学训冲突"。高等院校招收的运动员日常不上课，举行比赛活动时帮助学校打比赛，赛事完成后又回归训练队，一直到将要毕业时来拿学历证明。此种行为实质上体育机构依旧是主体，体育依旧与教育相脱离，并且更加助长了重视体育忽视教育的思想，而学校自行选拔的学生，只是将运动看作上大学的一种手段，"拿文凭"的目的达成后便不再重视体育训练一味抓学习，从而导致成绩快速下滑，违背了高校提高学校体育竞赛能力的初衷。

第三，普及程度低。当前实行了"体教结合"模式的高校还很有限，这对于发展体育事业极为不利。"体教结合"模式的实行在长远角度上还是有利于高校发展的，还包含了高水平运动员自身发展这一方面，"体教结合"模式的实行符合学校体育改革方向，是适合各高校实行的教学模式，应当大力推广。

第四，运动员专业培养不足。各地区高水平运动员进入高校后，接受来自各方面的文化教育，极大地增强了学习压力，同时做到将所学知识应用到日常训练实践中，以促进二者同步发展也是需要解决的难题。大学开设了各式各样的文化课程，以便运动员依照自身特点进行选择性学习，极大地丰富了他们的校园生活。然而，各高校开设的课程受到限制，运动员专业培养不足。

第五，缺少系统训练大纲。对于较高文化素养和较高运动技术水平的高水平运动员，需要高质量训练内容和高水平的教练员，这是高水平运动队伍不断发展的基本条件。目前，各高校内缺乏严格的管理制度和训练体系。因此，完善教练员聘任制度和管理体制，形成良好的训练运行机制变得至关重要。

第六，学训矛盾激烈。对于高水平运动员而言，最主要的工作是发展自己的体育技能，在顺利进入高校后，也需要不间断地跟着教练员训练，如若遇到重大比赛状况，就会因此影响到运动员文化知识的学习。他们需要花费很长一段时间来全身心投入训练，因此在平常要求进行大量的文化知识的学习是有难度的。

二、"体教融合"的概念分析

（一）"体教融合"的诠释

"体教融合"，就是竞技体育后人才的培养体系融入教育培养体系当中，将竞技体育作为教育的一种手段，以促进运动员的全面发展。我们这里所指的竞技体育后备培养融入教育体系，并不是指教育吞并体育，也不是单纯的体育不脱离教育的大环境。首先要搞清楚的一点是，"体教融合"之中体育与教育部门的价值取向何在？

对于体育部门来说，"体教融合"是探索竞技体育后备人才科学培养、全面发展的新路径；而对于教育部门来说，"体教融合"是充实学校体育、全面提高青少年身体素质的基石。这一制度要求体育与教育两部门在工作中切实改革部门封闭的状态，在如何全面培养高水平竞技体育人才和完善健全学校体育形态两方面达成共识，互利双赢。

"体教融合"将一改之前"体教结合"中以体育部门为主导的状态，以体教两部门为主导，解决两部门之间出现的导向不一致的问题，促使两部门向着培养全面发展的竞技体育后备人才和提高青少年体质的统一目标发展。并且坚持政府领导，进行统筹管理，进行"顶层设计"，改变两部门之前存在的系统壁垒。使得体育部门和教育部门的工作能够真正融合，实现竞技体育和学校体育事业的可持续发展。

（二）"体教融合"的内涵

"体教融合"是建立在"体教结合"的制度弊端暴露，不能很好培养竞技体育后备人才的基础上提出的。致力于体育系统与教育系统的相互融入与发展。可见，新时代体教融合将青少年体质健康发展作为改革工作的第一要务。此举对学校体育、青少年体育、中国体育事业的发展具有里程碑意义，推动了中国由"体育大国"迈向"体育强国"的进程。"体教融合"的内涵可以从多个角度来阐述。

一是"体教结合"到"体教融合"的时代意蕴。20世纪50年代，一贫如洗的中国为了赢得一定的国际地位，决定以体育为突破口，重点发展我国体育事业。20世纪80年代，针对竞技体育人才培养问题，国家提出了"体教结合"，希望通过整合体育和国民教育来补齐竞技体育后备人才培养的短板，以实现提高我国竞技体育运动员综合素质，壮大竞技体育队伍的目标。但由于体教结合的不彻底，没有突破举国体制、专业队体制的局限，竞技体育资源仍然掌握在体育系统内，国民教育系统培养的学生运动员大多能力不足。2008年北京奥运会后，时任总书记胡锦涛提出了迈向体育强国的战略号召。体育强国战略要求中国体育必须朝着多元化方向发展，体教结合模式下的"三级训练"模式显然与多元化发展方式相违背，竞技体育、群众体育、学校体育的发展，需要体育系统与国民教育系统真正融为一体。在此背景下，2020年4月27日，习近平总书记主持召开中央全面深化改革委员会第十三次会议，指出深化体教融合促进青少年健康发展，要树立健康第一的教育理念，推动青少年文化学习和体育锻炼协调发展，加强学校体育工作，完善青少年体育赛事体系，帮助学生在体育锻炼中享受乐趣、增强体质、健全人格、锤炼意志，培养德智体美劳全面发展的社会主义建设者和接班人。

目前，我国青少年体质逐年下降，提高青少年身体素质成为体育部门和教育系统的重要课题。体育是教育的一部分，与教育的关系属于部分与整体的关系，其作为"五育"之一，在塑造人格、增强体质上起着至关重要的作用。体育部门和教育系统应以学校为主阵地，通过学校体育教学、课外体育活动培养学生的学习兴趣，增强体质；同时，通过体育竞赛培养学生的协作精神、集体意识，发掘学生的运动潜力，拓宽竞技体育后备人才的培养渠道，进而使学生达到炼意、强身、健身、养品的目的。

体教融合的开展能够关注全体青少年健康，致力于增强学生体质，促进学生全面发展。新时代的体教融合，从中国国情出发，直面我国体教结合中存在的问题和我国青少年体质健康逐年下降的现实情况，将目标指向全体青少年，以学校体育为主要媒介，整合全社会体育教育资源。可见，新时代的体教融合更具大局观和长远性，其最大的价值就是从国家最高层面去强调体育的重要性，从政策上要求全社会关注青少年体质健康。

体教融合也确立了教育系统的主体地位，充分肯定学校体育的价值功能。新时代的体教融合不仅仅是中国体育和教育部门或者事业的融合，更是我国各界对体育功能正本归元的深刻认知。其本质是回归，即体育学科回归科学性、体育教育正常化、体育回归本源、竞技回归教育和大众。虽然我国没有明确规定体教融合中教育系统的主体地位，但从专家学者的分析以及行政组织的变化中可以看出，在新时代体教融合中教育系统占据着主导地位。

此外，体教融合更是推进体育大国迈向体育强国的重要抓手。从发展体育运动，增强人民体质，到如今体育强国的基础在群众体育，再到衡量体育强国标准除了竞技体育外还包括群众体育的发展水平，这些都充分说明群众体育是体育强国建设的重要内容。而体教融合面向全体青少年，致力于他们的身心健康发展；是以中小学阶段作为起点，从小培养广大青少年的锻炼意识、传授其运动技能、提高其终身体育意识，为全民健身战略和群众体育高质量发展奠定了基础；其落实需要全社会协同发力。所以，体教融合的发展为群众体育提供了技能储备、人员储备、知识素养储备和体育人口储备等。进而可以说，体教融合的落实是推动我国从体育大国迈向体育强国的重要环节。

二是当前深化体教融合存在着一定的困境。首先，体教融合受传统体制的阻碍。从体教结合到体教融合，再到今天的深化体教融合，围绕竞技体育改革发展探讨了几十年，从一开始就存在的"学训矛盾""管理体制障碍""观念障碍""体育部门与教育部门的结合不到位"等问题，到今天仍未彻底解决。长期以来，体育系统统筹竞技体育赛事、场馆训练、高水平教练员、高水平运动员等事项，竞技体育的发展占绝对优势，体教融合则在缓慢中进行，未有大的突破。其次体教融合受狭隘教育观的阻碍。教育系统的主要工作是教书育人、培养与社会发展相适应的人才。但目前"升学率"成为衡量学校工作的重要指标，因此学校把工作重心全部放在了文化课教学上，再受场地资源、人力资源、物质资源短缺等影响，教育系统在体教融合进程中发挥的作用也十分有限。

三是新时代深化体教融合需要做好路径分析。实现、确立学校体育在体教融合进程中的核心地位，深化改革学校体育工作。在深化体教融合过程中，学校首先要进行大刀阔斧的改革。从微观层面看，在教学理念上将"育人""育体"的理念相结合。在教学内容上避免单一的技术动作教学，实现教学方式多样化、教学内容系统化。在课程设置上，要"因校制宜"，建立特色课程。从宏观层面看，应逐步将体育考试纳入高考，从政策上改变体育教师、体育学科边缘化的地位。竞赛是体教融合的核心节点，因此，学校应构建"小学—初中—高中—大学"四级赛事体系，建立体育特长生升学通道，完善评价体系以及升学保障政策，既激励学生能投入体育运动中，又要避免视体育为升学捷径。此外，学校要深入社区体育，引导群众树立体育观念。将部分赛事外包给俱乐部，丰富比赛类型，增加比赛数量，充分利用社区基础体育设施开展竞赛活动，缓解学校场地不足的矛盾。录用社会指导员、教练员提高学校体育教学和训练的水平。其次，贯彻落实"一体化"原则，破除体教融合的机制壁垒。在我国体教结合发展过程中，受本位主义和功利主义思想的影响，体育部门与教育部门的结合流于表面，体育资源、教育资源分布不均衡，导致体育系统内存在运动员文化水平低、竞技体育后备人才不充足、教育系统内学校体育处于边缘化状态、学生体质逐年下降等问题。新时代体教融合要冲破这一困境，一方面要从思想上认识到"体教分异"严重阻碍了我国体育事业的发展，另一方面在行动上要坚持"一体化"原则，政府要发挥"指挥棒"的作用，重构体育与教育的现代化治理新机制，实现相关部门一体化设计的思路，制定一体化实施的执行方案，实现横向上一体化的组织关联，推动体育部门与教育部门形成相互支持、相互弥补的发展格局。"融合"是过程，"一体"才是最终目标。最后，倡导多元主体共同参与、相互监督，建立健全体教融合工程的评价体系。"举国体制"是中国特色的体育管理制度，政府主导竞技体育、群众体育、学校体育的发展方向、资源分配和人力安排，在一定时期内推动了中国体育的发展，但随着"运动员文化水平普遍偏低""青少年体质逐年下降""民众体育意识薄弱"等问题的显露且一直未得到有效解决，表明了这种管理方式与我国体育发展速度、人民日益增长的体育需求已不相适应。所以，新时期体教融合过程中，政府要"简政放权"，全社会共同投入体育事业中。以学校为核心，各级体育部门、财政部门、监管部门做好辅助工作。同时，建立健全体教融合工程的监管与评价体系，实时监督各部门工作的落实情况，评价完成的效果。这样才能真正做好政策的落地化处理，将顶层设计与基层单位有效衔接起来，共同推进体教融合的发展进程。

四是认识到"体教融合"是培养高素质竞技体育后备人才的科学道路。目前我国强调的科学发展观正是要求教育培养出全面发展的人，体育作为教育的一部分，在培养人的全面发展方面有着不可替代的作用。"体教融合"可以促使体育部门和教育部门各自相对有限的资源得到高效整合利用，发挥出最大价值。并随着我国社会经济的不断发展，市场经济体制的不断完善，竞技体育要想保证其可持续发展就必须改变原有的制度，探索后备人才培养新途径。体育事业的发展离不开教育事业的大环境。"体教融合"一方面有利于发掘有潜力的竞技体育后备人才，另一方面又可以使得竞技体育后备人才在学校教育的大背景下得到全面发展，进而成就"体教"双赢的局面。

在"体教融合"之中，平等这一观念同样重要且不可或缺。在高校之中对运动员单独开班教学，或者对运动员大学生采取直接减免学分，或者降低分数要求，都不能真正地解决"学训矛盾"问题，反而会使之愈演愈烈。平等、差异和多元化应当成为"融合"的核心价值观念。这就意味着我们需要减少此前"体教结合"中出现的各种"分离与排斥"的现状。

应该说，新时代的体教融合是以学校体育为载体，主要目的是增强青少年的身体素质，健全人格，培养德智体美劳全面发展的社会主义建设者和接班人。新时代的体教融合是先进的、系统的、全面的，任务也是艰巨的。由于它承载着国家和民族的希望，注定了这场改革必定是艰难的，必须是彻底的。因此，应通过构建以政府为主导，学校为核心，体育部门、财政部门、监管部门、社会组织、家庭、个人为重要力量的管理格局，鼓励全社会共同参与，潜移默化地改变人们对体育狭隘的见解以及破除体育部门与教育部门之间的机制壁垒，建立一种新的机制。

第二节　高校"体教融合"的实施背景

一、历史背景：体教配合、体教结合阶段

中华人民共和国成立以来，体教双方在发展过程中呈现出体教配合、体教结合、体教融合三个发展阶段。

（一）体教配合，共同实现提高国民体质目标

在中华人民共和国成立后的十余年间，体育与教育之间的合作更多地体现出一定的配合性。在这个阶段体育的重要性越来越突出，不管是国家体委，还是体育总局，都对于体育工作的开展作出了一定的指示，体现了体育的受重视程度。

需要注意到的是，体育工作的开展和教育工作的开展，实际上是处于配合的阶段，而不是融合的阶段。也就是说，分管体育的部门和分管教育的部分是并行不悖的。

在这个阶段，体育虽然受到了国家领导人以及国民的重视，人们逐渐开始重视身体素质，认识到身体好才是工作好和学习好的基础，但是体育的群众性还是仅仅停留在表面。

在发展群众性的运动方面，更多是体育部门配合教育部门。这样的配合从某

种程度上开始只是两者外部的联动。换句话说，体育与教育只是短暂地相交。

体教配合的开展是之后的"体教融合"开展的历史背景，要想更好地分析体教融合，就需要对于体教配合的相关工作有所了解。广大研究者需要在这个方面提高重视程度。

（二）体教结合，着眼于提高体育竞技水平

前文已提到了"体教结合"的问题，需要认识到"体教结合"本身就是"体教融合"工作开展的历史背景的一部分。体教工作从"体教配合""体教结合"到"体教融合"走过了数十个春秋。

因此，在探讨"体教融合"历史背景的时候，我们同样离不开对于"体教结合"的分析。所以，本书在此处继续对体教结合的问题进行一定的分析。

从时间上来说，体教结合开始于20世纪80年代。"体教结合"的开展是具有多方面的积极意义的，本书前文已有相关论述，在此不再赘述。

实际上，很多人不懂"体教结合"究竟是从什么时候开始的。对此，笔者认为"体教结合"的开始实际上是以高校开始招收高水平运动员为标志的。20世纪80年代，国家通过一些文件，表示出允许高校招收运动员的意思，由此体教结合就拉开了序幕。

应该说，高校体教结合工作的开展，在很大程度上促使运动员的文化水平和体育水平得到了双重提升。在这方面，北京大学的乒乓球队、北京航空航天大学排球队等都是做得比较好的。

二、"体教结合"向"体教融合"发展的要求

（一）北京奥运会后"体教结合"向"体教融合"转变的要求

1."强国梦"要求"体教融合"

虽然近几届奥运会、亚运会上我国国旗屡屡飘扬在赛场的上空，尤其是2008年北京奥运会中国以51枚金牌居金牌榜首位，但我国仍不是体育强国，竞技体育的基础不强，群众体育的健身意识不强，学校体育的学生素质不强。另外，我国仍处在社会主义初级阶段，经济仍处在发展之中，因而，"强国梦"依然是我国竞技体育发展的根本动力，"强国梦"依然是中华民族的精神诉求，决定了"体教融合"的目标就是保持我国竞技体育进步的强劲势头，实现竞技体育可持续发展，使中国逐步跻身于世界体育强国之林。

2008年北京奥运会，我国实现了竞体大国的战略目标，推动了我国由体育大国向体育强国迈进。相关部门也出台政策，为我国体育强国建设提供了政策引领的指导思想和具体操作的方法论，发挥了体育的多维社会功效，助力国家强盛。在政治外交领域，实现竞体强国、外交强国。大力弘扬中华体育精神，讲好中国体育故事，提升国际体育话语权，积极参与国际体育事务。在经济领域，拉动经济新增长点，助力产业强国。根据国家体育总局发布的数据显示，2020年我国体育产业总规模约为3万亿元，同比增长1.7%，预计到2025年体育产业规模有望突破5万亿元。在文化领域，呼唤文化感召力、凝聚力和影响力，实现文化强国。通过体育文化创作精品工程、体育非遗保护和传承工程、体育明星塑造工程等，推动文化强国建设。在社会领域，促使人人参与体育，提高社会适应能力。根据国家统计局数据显示，2020年全国7岁及以上人口中经常参加体育锻炼人数比例达37.2%。在个体领域，广泛开展康养体育、乐享体育等活动。

因此，这一时期是通过发挥体育在个体层面的健身与健心的内生功效，推动群众体育、竞技体育、体育产业、体育文化、体育外交等体育全领域协调发展，实现"强国梦"。

此外，从强国梦要求的可持续发展来看，可持续发展就是要促进人与自然的和谐，实现经济发展与人口、资源、环境相协调，坚持走生产发展、生活富裕、生态良好的文明发展道路，保证一代接一代地永续发展精神。

中国竞技体育可持续发展的关键，一方面取决于积极谋求社会的支持，以社会经济发展为参照，依靠社会力量扶持走上健康发展的轨道。更重要的是取决于自身系统积极调整从无序到有序的转变，逐步建立国家宏观调控，依托社会，自我发展，符合现代体育运动发展规律的、充满生机与活力的体育体制和良性循环的运行机制。

近20年来，"体教结合"培养竞技运动人才为我国的竞技体育可持续发展作出了极大的贡献。但是，由于受主管部门配合不到位、体育系统和教育系统配合不默契、院校教练员的素质有待提高、训练条件差、资金不足、竞赛体系和运动项目设置不合理等多种因素的影响，"体教结合"并没有很好地发挥出它应有的作用，这些因素依然影响着竞技体育的可持续发展。因此，构建体教融合培养模式，对于进一步促进竞技体育的可持续发展，实现"强国梦"具有重大的意义。

2. "人的全面发展"要求"体教融合"

行为个人是指从事某一活动的特定主体。2020年4月27日，习近平总书记主持召开的中央全面深化改革委员会第十三次会议审议通过了《关于深化体教融合促进青少年健康发展的意见》，提出了学生在体育锻炼中要享受乐趣、增强体质、健全人格、锤炼意志，培养德智体美劳全面发展的社会主义建设者和接班人。其中，享受乐趣、增强体质、健全人格、锤炼意志，体现了毛泽东提出的"野蛮其体魄，文明其精神"的体育社会功效之价值内容，具有价值理性和工具理性的现实意蕴。增强体质即为强筋骨，这是以身体为主体的身体哲学价值意蕴；健全人格、享受乐趣、锤炼意志即为增知识、调感情、强意志的心理哲学价值意蕴。享受乐趣、增强体质、健全人格、锤炼意志是野蛮与文明、体魄与精神、对立与统一的辩证关系，在人的全面发展层面凸显了体育社会功效的价值意蕴。就行为个人而言，人的全面发展是指人的各种需要、潜能素质获得最充分的发展，人的社会关系获得高度丰富以及人的自我意识、个性获得自由体现等。党始终以人民为中心，始终坚持人民立场，始终把人民放在心中最高位置，而且人民不是抽象的符号，而是一个具体的行为个人。

实施体教结合以来，体育、教育两系统在各自的体系内建立了人才培养体系。一是教育系统利用降分特招等政策自办学校高水平运动队，组织系统内的运动训练与竞赛，形成自己的业余训练体系。二是体育系统利用单招等特殊政策自办以中专为主体向两头延伸的各级学校，形成了从体育传统学校、业余体校到体育运动学校，再到运动技术学院或进修学院的教育体系。但是，很多学校、教练员、运动员依然是"重体轻教"，全面发展运动员的思想没有得到进一步的贯彻，进而失去了"体教结合"的意义。因此，"体教融合"就是在体教结合的基础上，进一步促进体育系统和教育系统的融合，营造运动竞技人才在攀登运动高峰期间的学习和训练环境，采用多样性、灵活性、全面性的教育手段和方法，充分调动运动员的内驱力，促进运动员的全面发展。

3. 世界竞技体育强国培养后备人才的潮流要求"体教融合"

自20世纪90年代以来，各国更加重视奥运成绩和排名，采取多种措施强化国家对竞技体育的管理和支持，如美国始终将竞技体育后备人才的培养放到教育当中。除美国之外，其他许多国家也同样强调竞技体育是教育的一部分，培养竞技体育后备人才就是教育的责任。

澳大利亚自1993年赢得奥运会主办权后，大力加强其政府主管部门体育委员会的管理，并把促进人的全面发展放在首要位置，使得近年来澳大利亚无论是竞技体育成绩还是奥运会上的表现都有了长足的进步。澳大利亚体育运动的基础是地方俱乐部和中小学校。澳大利亚推行的"澳式运动"计划被认为是学校体育与竞技体育、快乐体育与终身体育相结合的典型。由于这一计划是建立在学校体育基础上的,吸引了约 200 万名青少年参与其中。

韩国是当今亚洲的竞技体育强国,自汉城奥运会后,韩国一直力图把普通教育系统和体育系统融合,以促进青少年运动员文化学习和体育锻炼的协调发展,其主要通过贯彻落实国家法律法规,实现体育和教育的融合,如规定优秀运动员可以免试上大学和免服兵役,对成绩优异的中学生提供体育奖学金。

法国教育在法国体育发展战略中占据非常重要的位置。1995 年希拉克出任总统后,也特别重视教育和体育的协调发展问题,强调学校教育对一个国家的体育发展有着其他任何领域都无法替代的作用。法国体育的重点在于,身体和运动教育是教育的组成部分,国家对身体和运动教育的教学负责,主管者是国民教育部部长。各中小学和大学的体育协会享受国家的资助,地方政府主要以开放所属体育设施的方式支持各类学校体育协会的发展。在教育界,建立各级的体育协会。

德国和英国竞技体育后备人才培养的方式都是以学校为基础,以俱乐部为载体,形成体育后备人才培养体系。例如,德国的"2000 体育发展纲要"把体育后备人才的培养放在首要位置,注重在小学、中学阶段先培养其兴趣、展示其天赋,然后再进行合理的引导,强调其首先是学生,其次才是运动员,同时也应在学校接受正规的教育并授予学位。德国积极在全国各地推行体育特色学校,并在普通学校设立体育特长班。在参加悉尼奥运会的德国代表团中,有 1/3 的运动员曾在体育特色学校就读,1/2 的奖牌获得者曾是体育特色学校的学生,德国的教育系统已成为其竞技体育发展的重要支撑。可见,"体教融合"是大势所趋。

4. 从社会责任角度促进社会进步

体育是社会发展和人类进步的重要标志,是综合国力和社会文明程度的重要体现。它既能维护社会稳定,又能促进社会变革,显现了价值理性与工具理性共筑的社会责任,能够促进社会进步。体育作为社会发展的重要因子,它的发展与社会发展一脉相承,承担着人类社会进步的社会责任。从强种救国时期体育救国的社会责任到兴体强国时期体育强国与健康中国的社会责任,都体现了体育的社会功效能够促进社会进步的价值内涵。

从结构功能主义视角来看,体育是一个整体的社会系统,它的整合社会功效能够促进社会进步。"全民健身与全民健康融合发展"作为体育强国建设与健康中国发展战略的一部分,具有社会适应功效、目标达成功效、整合功效以及潜在模式维系功效,如广泛开展全民健身运动、统筹配置场地器材资源、构建全民健身公共服务体系、有效扩大增量资源、加强体医融合和非医疗健康干预等。体育扶贫作为脱贫攻坚战的重要组成部分,具有社会扶贫功效,也能够促进社会进步。

一方面，体育扶贫能够化解体育供需矛盾；另一方面，体育扶贫能够推进全民健身与全民健康的深度融合。通过多渠道开发、多举措共推、多领域融合达成体育扶贫成效，形成体育扶贫社会系统，发挥体育扶贫的社会责任，实现社会进步之功效。

5.体育外交的策略的要求

体育既是国家强盛应有之义，也是人民健康幸福生活的重要组成部分，这是体育强则中国强，国运兴则体育兴的现实反映。体育外交作为国家战略规划，是国家交往与国民交流互动的重要手段，具有促进强国建设的社会功效，能够增进人类幸福指数。体育外交主要是指由政府、非政府组织、媒体、公众人物等多元行为主体参与，以各种方式与国外政府、公众进行体育交流，从而达到维护和扩大国家利益，提升国家形象，推进体育文化交往、交流、交融目的的一种外交方式，它既是对政府外交的政治支援，又是公共外交的有效途径。

政府体育外交呈现典型的国家性，具有维护国家利益、推动体育深度合作、提升国家域外体育话语权、增进全人类福祉之社会功效。公共体育外交呈现典型的国民性，通过公众人物形象塑造、体育文化交融、输出体育文化产品等外交手段，加强全球体育民间对话，促进全球体育民间交往，践行人类命运共同体理念，助推形成新发展格局，具有增进全人类福祉之功效。新时代体育外交是国家外交的重要发展战略，是全球体育发展观视野下的为全人类谋福祉的天下大同观，不是对西方模式的全盘否定，也不是改造西方模式，而是在原有模式的基础上修订与更正的人类共享模式，遵循认识、认可与认同的"三认原则"，形成中国与国际社会的共识、共鸣与共振，终极价值目标就是实现民相亲、心相通的体育外交功效。

（二）"体教结合"向"体教融合"转变的实际措施

1.体育行政职能改革逐渐为"体教融合"打破行政壁垒

从1978年的经济体制改革开始，我国大力推进开放和改革，尤其是加强政府部门的职能转变，逐步打破了过去政府计划经济"一统天下"的局面。政府的规模由过去的"大"向"小"转变，政府的职能由过去的"一览到底"向"宏观"管理和调控转变，出现了政府、社会、经济领域的权力分化。

在这种社会背景下，我国体育行政部门的职能改革也在与时俱进。虽然建立于计划经济基础之上的"政府垄断性"体育管理体制的竞技体育发展取得了显著的效果，对鼓舞人民的爱国热情和增强民族的自豪感和凝聚力起了巨大的作用，但是随着市场经济体制逐步建立,其制约了我国体育事业的可持续发展。

《2001—2010年体育改革与发展纲要》中明确提出了中国深化体育体制改革的目标:"进一步明确政府和社会的事权划分,实现政事分开,管办分离,把不应由政府行使的职能和社会能够办的事逐步转移给事业单位、社会团体和社会中介组织。体育行政部门要把工作重点转移到贯彻国家体育方针,研究体育事业发展规划,制定体育行业政策,加强管理和提供服务上来。强化体育行政部门的宏观调控、社会行政和行业管理职能。"[①]

2008年北京奥运会后,我国的体育管理体制走向全面的改革与实施阶段。

第一,由集中管理型体育管理体制向依靠市场调控型体育管理体制转变。按照政企分开、政事分开、事企分开、管办分离和精简、统一、效能的原则,简政放权,集中精力把握大势,增强宏观调控部门的职能意识,能综合协调和正确运用竞争、经济杠杆的机制,让市场机制更好地发挥作用。随着北京奥运会的结束,中国体育由政府"集权制"管理向社团化发展转变过程加速进行。

第二,从权力无限政府向权力有限政府转变。有限政府是指在权力、职能、规模和行为方式上都要受到法律明确规定和社会有效控制的政府。政府职能的转变就是要从无所不能的"无限型政府"通过行政机制配置体育资源转向"有限型政府"通过市场机制来配置资源。

第三,由传统行政管制型政府向现代公共服务型政府转变。建立公共体育服务型政府是我国政府体育职能转变的主要目标,而实现公共体育服务的社会化是实现这一目标的有效途径。建立公共体育服务型政府,就要求压缩政府体育经济职能与社会职能,实现经济管理与公共服务的市场化。政府应该提供市场、社会不能提供服务的公共体育服务产品,放手让市场与社会提供私人产品。

体育管理体制将走向全面改革与实施,为竞技体育后备人才培养回归教育提供了机遇,为"体教融合"打破了行政壁垒。由于体育管理体制的行政垄断性,"体教结合"没有实质性的进展,体育部门依然在原有体制下维护和巩固自己的体系,垄断了一切资源,教育部门竞技体育的发展附庸于体育部门,"体教结合"流于形式。因此,随着体育行政职能改革的进一步深入,体育行政职能部门必将淡出管理位置而进行宏观调控,实行国家体育事业所有权、经营权、管理权相分离,实行政事分开、管办分离,中国奥委会和中华全国体育总会等协会组织充分发挥主观能动性,各类符合协会管理体制要求的业余运动训练组织与职业俱乐部将逐

---

① 国家体育总局关于印发《2001-2010年体育改革与发展纲要》的通知(体政字〔2000〕079号).

渐取代各级各类运动队，运动训练体系将是业余与职业相衔接。此时，制约体教结合的体制障碍也就不存在了，学生体育运动协会将担当培养竞技体育后备人才的重担，对学生竞技体育运动的发展起到"龙头"作用。

届时，发展我国竞技体育的"举国体制"将被赋予新的内涵，即举全国之力，发展学校竞技体育运动，真正实现体育和教育的有机融合，实现体育大国迈向体育强国的宏伟目标，真正实现我国体育的"强国梦"。

2. 教育体制改革促进"体教融合"

在基础教育阶段，教育体制改革的方向是以全面推进素质教育为核心，建立适应时代发展要求的素质教育体系。过去，我国的中小学教育为确保"升学率"，片面强调应试教育，把发展身心的体育运动和其他兴趣培养排除在学校教育之外。而如今，通过普及九年义务教育，免除中学升学考试，以及进行中学改制、进行教育资源的合理分配等改革手段，在我国全面推进素质教育，注重学生身心健康的发展，注重学生兴趣的培养，创造条件满足不同学生多样性发展的需要，以促进学生的全面发展。"体教融合"能为学生提供运动体验、培养学生运动兴趣、挖掘学生运动潜能，一切以学生为本，确立学生的主体地位，促进学生身心健康，这正是各级学校实施素质教育的实践体现。

在高等教育阶段，教育部近十几年来大力推进对高等教育管理体制的改革，主要是针对政府对学校管得过多、管得过死的状况，转变政府职能，激发学校办学活力，扩大高等学校办学自主权。学校在教育主管部门的宏观调控下，可以根据社会需要、学校自身专业特色和地域发展的需求进行专业设置和选择教育行为，这有利于充分调动学校办学的积极性。据报道，拥有自主招生权的高校数量逐年增加（2003年教育部批准全国22所高校有5%的自主招生权，2007年增加至59所，2009年增加至68所）。

这样就给大学"体教融合"培养竞技体育人才提供了空间，学校可以根据本校的实际情况，建立学校竞技体育后备人才的培养机制（目标机制、激励机制和约束机制），确定招生规模和招生方法，制定学生运动员的学籍管理制度，组织和参加国内外大型赛事，谋划学校竞技体育发展的社会合作伙伴，等等，从而有力地调动学校的竞技体育资源，发挥"体教融合"培养竞技体育人才的主观能动性。

3. 中国经济的持续发展为"体教融合"提供了经济基础

世界体育强国的成功经验告诉我们经济是"体教融合"的重要基础。经济越发达，社会越进步，竞技体育的政治功能被弱化，就有利于"体教融合"的发展。

（1）以人民群众的根本利益为逻辑起点，广泛开展全民健身运动

新时代体育的发展要以人民群众的根本利益为逻辑起点，把为人民群众谋求幸福美满的生活作为根本原则，以促进人民群众身体健康、身体强健和心情愉悦为根本目标，打造健康快乐的体育环境，培养社会个体良好的个性品质，达成健身、健心的体育社会功效，助力人民群众实现物质层面与精神层面的全面发展。

广泛开展全民健身运动，首先，积极培育人民群众的全民健身意识，把人民群众的全民健身意识融入全民健身理念，形成人民群众的全民健身思想，借助媒体在不同议题上大力宣传全民健身的社会功效，引导人民群众对全民健身的主观认知，使其自觉转化为全民健身的行动力，充分激活人民群众的体育活力。

其次，积聚社会力量，整合社会资源，构建以奥运明星、退役运动员、高校体育专业师生为梯队的全民健身指导队伍，通过政府购买公共体育服务为全民健身提供场地、器材等，保障人民群众的全民健身利益，在全社会形成全民健身的热潮，引领人民群众全民健身的新风尚。

再次，以家庭、学校、社区、政府形成合力为促进机制，推动全民健身有序开展。通过政府部门对全民健身进行精准扶持，社区制订社区健身发展计划，学校承担学生身体素养目标培育任务，家庭成员提高全民健身意识以及提高对健身的认知与认同，整合家庭健身发展资源，凝聚全民健身发展的合力，形成全民健身全面发展的促进机制，培养人民群众养成自觉参与全民健身的良好品质。

最后，提升身体素养能力，培养符合体育规律的个性品质。对于个体而言，体育社会功效关乎其身心健康发展。激活体育社会功效，关键在于身体素养能力的提升，这是激发个体体育参与意识形态的本源。身体素养能力的提升，是以树立健康快乐的体育理念为前提条件的，体现了具体认知论，形成了体育生活化与生活体育化的发展格局，明确了体育即生活的健康快乐的体育，助力个体形成良好的个性品质，实现了体育社会功效的价值目标。一方面，要让身体活动融入生活，获取健康快乐的体育情感、体育认知，培养个体知礼仪、重感情的个性品质；另一方面，要培养身体能力，拓展体育运动的范围，明晰体育生活方式的健康效益，形成个体守规则、善合作的个性品质。

（2）遵守公平公正的规则，促进社会形成良好的规范秩序

在社会经济活动中，法律和道德是评判是非曲直的标准和尺度。同样，在体育社会活动领域，要检验体育社会活动运行、运作规律也需要评判标准，那就是体育规则。任何社会活动的有序开展都离不开规则的制约，体育社会活动也不例外。体育规则是体育社会活动顺利进行的前提条件，遵循公平公正原则，能够形

成良好的社会规范。遵守体育规则，有助于形成良性的社会互动，达成稳健的社会运行效果。可见，对遵守公平公正的体育规则以及社会规范秩序形成的回应，是激活体育发挥社会功效的有效路径。

首先，积极培育正确的体育价值观，引导人民群众遵守体育规则。影响体育规则发挥社会功效的第一要素是体育价值观念的缺失，主要表现在人民群众对体育规则的认同层面，没有形成体育规则的价值认同观念。若要发挥体育社会活动的价值功效，积极培育正确的体育规则价值认同观念尤为重要。因此，亟待在全社会实现体育教育的社会功效，必须培育体育规则价值认同观念的文化自觉，要在认知、情感和行动上完成体育规则价值认同的内化，建立长效的体育规则价值认同机制，最终达成人民群众自觉遵守体育规则。

其次，提升体育社会活动治理能力，引导人民群众形成遵守体育规则的规范秩序。当前，阻碍我国体育社会活动治理能力提升的原因有二：一是治理主体单一，由政府主导进行体育社会活动治理，缺乏自治、他治与善治的体育社会活动治理格局；二是治理技术倾向行政化，偏离社会化。

提升体育社会活动治理能力，要转变体育社会活动治理主体的思维方式，创新体育社会治理体制，形成政府、社会、公民三方共建、共治与共享的治理模式，进一步提高体育社会活动治理水平，激活体育社会活动的社会互动与社会融合功效，寻求参与者共建、共治与共享体育社会活动的发展成果，主导形成体育社会活动治理能力现代化，规范体育社会活动的参与秩序，实现体育的社会功效。

（3）搭建推动社会进步的体育平台，形成经济社会发展的体育动力

体育是社会发展和人类进步的重要标志，是综合国力和社会文明程度的重要体现，能为经济社会发展增添动力，凝聚力量。体育社会功效已被赋予推动经济社会发展的全新内涵和外延，为新时代体育能够促进社会进步指明了新的发展方向。

进入21世纪以来，我国经济保持平稳快速发展，其中2003—2007年连续五年国内生产总值年均增长10%以上，2003年增长10.03%，2004年增长10.09%，2005年增长10.31%，2006年增长12.68%，2007年增长14.16%。2002-2006年的年均增长率比同期世界年均增长4.9%高出5.5个百分点，而且比改革开放以来年平均增长9.7%高出0.7个百分点。经济总量在世界上位次四年内连升两位居于第四位。

随着经济水平持续增长，财政收入连年显著增加。我国经济总量跃至世界第四、进出口总额位居世界第三。2007年全国财政收入达到5.13亿元，同比增长

32.4%。同时，人均国民总收入翻了近一番，在 2002 年我国人均国民总收入达到 1100 美元后，2006 年又达到 2010 美元。相应人均国民总收入在世界的位次也由 2002 年的第 132 位上升到 2006 年的第 129 位。按照世界银行的划分标准，我国已经由低收入国家步入了中等收入国家的行列。

我国国民经济飞速发展，国家在世界上的政治地位日益提高。竞技体育不再是提高国家和民族的政治地位的主要手段，从而变为人们的一种文化需求，"体教结合"转向"体教融合"以培养全面发展的运动员进而才能得以实施。

4. 北京奥运会为"体教融合"留下了精神遗产

奥林匹克运动具有漫长的历史，而其在发展过程中，亦为我们留下了许多宝贵遗产，这些遗产既有有形的，也有无形的，被人们总称为"奥运遗产"。

各个国家、民族在普及奥林匹克知识、推广奥林匹克运动、举办奥运会等实践中，形成了诸多物质文化与精神文化成果，"奥运遗产"不仅是对这些成果的积累和整合，它更成为一种文化现象，在奥林匹克运动的发展的过程中不断重构，实现升华。

北京奥运圣火熄灭后，奥运的精神遗产光芒更盛。在中国这片古老的土地上，"两个奥运"被成功举办，可谓精彩纷呈，而奥林匹克的精神与理想也得到了广泛的普及，不仅让中国与世界实现了加速融合，更在东西方文明之间搭建起了崭新桥梁，将一笔无比珍贵的精神财富留给了中国人民。

我国于 2001 年成功申办了第 29 届夏季奥运会，自此，中国大地处处吹拂着奥林匹克之风，每一个角落里都传递着奥运精神。众所周知，对于奥林匹克精神来说，"追求人的全面发展"是最为重要的，我们只有有机地将体育、教育进行结合，才能够真正在具体实践、具体行动中落实人的全面发展。皮埃尔·德·顾拜旦（Pierre De Coubertin）是现代奥运会的创始人，在他的体育思想中，实现教育与体育的结合是非常重要的一部分内容。现代奥运会之所以迎来复苏，主要源于"追求人的全面发展"。因此，如果我们在奥林匹克运动中对"竞争"过分看重，并对其过度职业化、过度商业化，那么奥林匹克异化现象也会随之产生，以致出现运动员使用兴奋剂等问题。所以，我们一定要谨记这一观点：如果想要实现奥林匹克运动的崇高目标，就必须实现奥林匹克主义所具有的教育价值。

"在以竞技为主要内容的奥运会的组织与活动中，坚持以人为本、丰富文化内涵、体现人文关怀的指导性理念"是北京奥运会"人文奥运"的理念。"以人为本的奥运会、东西方文化融合的奥运会、体育与教育结合的奥运会"是其核心思想。中华五千年的深厚文化底蕴是"人文奥运"的依托，而全国人民群众广泛而积极地参与则是"人文奥运"的基础,因而"人文奥运"能够对多元文化要求加以适应,还能够对中外文化沟通交融起到助推作用。中国是地球上拥有最多人口的国家,奥运会来到中国,得到了13亿中国人民的积极响应,而奥林匹克价值观亦被千百万中国青少年所接受,这些都将是奥林匹克最宝贵的遗产、最珍贵的财富。奥运会帮助人们更为全面、深刻地认识了竞技体育,也指导着学校更好地开展竞技体育,而更重要的是,它为"体教结合"向"体教融合"的转变奠定了坚实的思想基础。

所谓"体教融合",就是高度重视体育的育人功能,重视人才的全面发展,摒弃"夺金主义""锦标主义",反对对运动员全面发展有意忽视的思维惯性。"体教融合"强调,在培养运动员的过程中要始终做到"以人为本",大力提倡人道主义,对运动员着重进行人文关怀,对人性价值加以尊重。而这些都真实体现了对奥运遗产的传承和对奥运精神的弘扬。

5. "阳光体育"为"体教融合"奠定了群众基础

进入21世纪之后,青少年学生的身体健康水平下降十分严重,针对此问题,教育部、国家体育总局、共青团中央提出"阳光体育运动"这一重大举措,旨在增强学生身体素质,对学生身心健康成长予以保障。"阳光体育运动"遵循构建社会主义"和谐社会"的发展要求,对"健康第一"的指导思想认真落实,对"以人为本"的科学发展观积极贯彻,在推进素质教育方面不断发力。

自2007年起,全国亿万青少年学生阳光体育运动结合《国家学生体质健康标准》,在全国各级各类学校中得到广泛且深入的开展。"阳光体育运动",顾名思义,就是要让青少年学生从教室走向操场,从室内走向自然,走到灿烂明媚的阳光下。学校体育活动、体育课都和"阳光体育运动"存在非常紧密的联系,其目的就是让学生对体育锻炼产生兴趣、养成习惯,更加积极主动地进行运动锻炼,而不是被学校和老师"强迫着"进行锻炼,这样才能更好地保障学生增强体质,提升自身健康水平。

具体来说,"阳光体育运动"的基础是《国家学生体质健康标准》的全面实施,目标是"达标争优、强健体魄"。在"阳光体育运动"的引领下,青少年群体积极参与体育运动学校的体育氛围变得更为浓厚,体育锻炼热潮不断涌现,"健康第一""每天锻炼1小时,健康工作50年,幸福生活一辈子"的口号更是深入人心。

通过"阳光体育运动",原本枯燥单一的学校体育被赋予文化寓意,不断实现创新,满载健康、生机与活力。可以说,"阳光体育运动"正是将"健康第一"

作为理念，在学校体育和青少年体质健康方面寻求突破，在全面推进教育体制改革方面迈出了非常重要且关键的一步。

在"体教结合"向"体教融合"的转变上，"阳光体育运动"的开展起到非常重要的作用。其一，学校体育工作具有不可忽视的重要意义，社会对此却缺乏充足的认识，而"阳光体育运动"则提供了一个良好的契机，让社会能够更好地认识、理解体育工作的重要性。因此，"阳光体育运动"可以积极助推教育观念的改变，对学校竞技体育进行宣传，让学校竞技体育广受重视并得以实现进一步发展。其二，"阳光体育运动"也有利于对大众体育进行普及，有利于发现更多具有潜质的体育人才，从而为"体育融合"提供广大的群众基础。

第三节　高校"体教融合"的相关研究

一、研究理论基础

（一）科学发展观

科学发展观是同马克思列宁主义、毛泽东思想、邓小平理论与"三个代表"重要思想既一脉相承又与时俱进的科学理论，是马克思主义关于发展的世界观与方法论的集中体现，是顺应时代发展的科学理念，是中国经济增长、社会前进的重要引导方针，是建设我国特色社会主义应遵循与落实的重要战略理念。科学发展观是立足于我国基本国情，对国内的发展经验进行归纳，同时参考国际发展经验，顺应新的发展需求而提出的重要战略理念。

在科学发展观中首要任务是发展，中心是人本理念，基本要求是全方位促进可持续发展，本质方式是统筹兼顾。"遵循人本理念"是科学发展观的中心，其将"依托人"视为发展的根本基础，将"提升人"视为发展的重要渠道，将"尊重人"视为发展的本质原则，将"为了人"视为发展的本质目标，形成全方位、和谐、循环的发展理念，推动竞技社会与人的全方位发展。

以人为本，即将人民的利益视为所有工作的出发点与落脚点，持续满足人民的各种需要，推动人的全面发展。"以人为本"的科学发展观是马克思主义发展观的当代中国表现形态，它以发展为主题，以系统的思想形态概括丰富和发展了中国特色社会主义理论。发展的价值目标具有全面性，即遵循以人为本，以达成人的全方位发展为目的，立足于人民群众的本质利益角度寻求发展、推动发展，持续满足广大人民逐渐增长的物质文化需求。

可持续发展是一种正向循环的发展模式，它不仅立足当下，能够对当代人的需求加以满足，还能着眼未来，不会让当代的发展对后代造成损害，让后代人仍旧具备满足自身需求的能力。可以说，可持续发展是一个系统，各部分密不可分。实现可持续发展，就要多管齐下，一方面要发展经济，让人民过上更好的生活，另一方面又要保护环境，让大气、淡水、海洋、土地、森林等人类赖以生存的自然资源免遭破坏，让我们的子孙后代能够安居乐业，真正实现永续发展。有人简单地认为可持续发展就是保护环境，实际上这是错误的认知，这两者之间有所联系，但并不能直接画上等号。可持续发展涉及很多方面，其中之一就是环境保护。"可持续发展"归根结底要落在"发展"上，这是它的核心，但是发展应当是可持续的，不能任意妄为，而是应当严格控制人口，全面提升人口素质，切实保护环境，让经济和社会在资源永续利用的基础上实现不断发展。

（二）马克思关于人的全面发展学说

首先，人的活动特别是人的劳动活动的全面发展。在《1844年经济学哲学手稿》[①]中，马克思指出，自由自觉的劳动是人的类特性，是人区别于动物的本质性活动；人类社会发展的历史已经证明人类在劳动中产生，人类因劳动的异化而异化，因劳动的解放而解放，因劳动的发展而发展。由此可知，人的全面发展必须建立在人的劳动活动全面发展的基础上。个人作为人类的一分子，按其必然性来说，必须追求和实现这种类特性，只有这样个人才能成其为人。

其次，人的本性就是"人的需要"以及"人的劳动能力的全面发展需要"，并且，这两种需要同样是人进行活动的目的和动力。想要实现需要，就要以人的能力为本位，而人的能力也是建立主客体对象性关系并加以维护的必要条件。站在"人的需要"角度谈全面发展，就是要逐渐形成包括生存需要、安全需要、归属与爱的需要、尊重需要、审美需要、自我实现与发展需要的层次递进的丰富体系。而站在"人的能力"角度谈全面发展，就是要让人对自己的一切能力进行全面发展，同时还要在实践之中充分发挥自身能力，真正实现各尽其能。

最后，人的素质与个性的全面发展。就"人的素质"而言，实现其全面发展，就是要让人的身体素质、心理素质、道德素质以及科学文化素质能够得到全方位发展，让多种素质发展得更为均衡、更为和谐。而就"人的个性"而言，个性主

---

① 卡尔·马克思.1844年经济学哲学手稿[M].北京：研究出版社，2021.

要指的是人所具有的品质和展现的风格，具体来说，就是人在日常工作生活中所表现的体质能力、精神状态、心理倾向以及行为特征的总和，其反映出的是人不断发展的特殊性和差异性。

二、文献综述

我国借鉴苏联竞技体育举国体制的举措，早期采用传统体校的三级培养模式取得了辉煌战果，推动了我国竞技体育的发展，并为之打下坚实基础。然而随着社会的进步、经济的发展，从人海中大浪淘沙的三级模式逐渐暴露出许多问题，它们异常尖锐，很难得到行之有效的解决。随后应时而出的"混合型"模式、"清华模式"、"省队校办"模式、"南体模式"在运动员竞技能力提升和学习文化知识上都进行了一定程度的改革。但通过学者们的研究发现，无论哪种模式，运动员都存在不同程度的学训矛盾。发展至今，学者们对体教融合的研究热度不减，从科学发展观、校园文化、公共服务、人文关怀等多个视角展开研究。随着体教融合的不断深入以及信息爆炸时代的现实情境，关于体教融合的研究方法和研究视野也在积极拓展。基于此，本书应用 CiteSpace 可视化软件，绘制体教融合可视化图谱，对我国体教融合的现状、趋势和热点加以整合，以期为体教融合后续研究提供一定的参考价值。

（一）数据来源与研究方法

1. 数据来源与检索方法

笔者在中国知网（CNKI）数据库，应用 SU 即主题检索并考虑查准率和查全率的因素。通过对"体教融合+体教结合"的相关文献进行筛选，经过关键词、题名等多种检索方式的比对，结合计量可视化图谱的反复比较后，选择期刊检索条件即 SU=（体教结合+体教融合）的专业检索形式进行检索。为保证研究的可信度和权威性，本书对包括 SCI 来源、EI 来源、北大核心、CSSCI、CSCD 等在内的数据来源进行检索，检索日期截至 2020 年 7 月 8 日，共检索到 869 篇文献，所检索出来的文献时间跨度为 1992—2020 年。剔除文献中的会议通知、报告、文件、报纸等，进行数据除重后剩余有效文献 824 篇。

2. 研究方法

2003 年诞生了科学知识图谱的有关概念，伴随信息可视化的推进与发展，对科学知识图谱的绘制也逐渐蓬勃发展，在科学计量学中俨然成为新热点、新方向。

科学知识图谱的概念源于 2003 年，随着信息可视化的发展，绘制科学知识图谱蓬勃发展，成为科学计量学新的热点方向。CiteSpace发展至今，几乎每年都对版本进行更新，不断升级完善其功能。有研究证明CiteSpace已经较多地应用于包括体育学科在内的多学科领域。在它的帮助下，大量的文献数据都能以可视化图谱形式呈现出来，从而方便读者理解，更直观地了解相关知识并能够挖掘隐藏在大量数据中的规律。本书在进行文献计量和可视化分析时，应用的是CiteSpace5.6.R5版本，同时绘制科学图谱进行分析解读。处理参数设置如下：可视化处理时间跨度（Time Slicing）为1992—2020年，时间切片（Years Per Slice）设置为1年。

（二）我国体教融合研究现状

本书将归纳总结我国针对体教融合研究方面的发文数量、期刊来源与涉及学科、作者和机构共现等内容信息，结合CiteSpace可视化知识图谱，尝试整理目前科学研究对体教融合的研究概况，从而对检索的文献内部核心属性分析奠定基础。

1. 文献总量分析

研究体教结合领域的发文数量以及时序变化，能够对该领域的研究现状进行更为直观、更为清晰的了解。据分析可知，2000年之前检索到文献只有9篇。2000年之后呈现持续上升的态势，在2009年达到顶峰——共70篇，这主要受到了2008年北京奥运会成功举办的影响。北京奥运会结束之后，体教融合研究面临新的机遇和挑战，2010年稍有回落只有50篇，从2011—2020年文献量呈无规律波浪式发展态势。总体而言，我国关于体教融合研究线性质呈平缓增长趋势。

2. 期刊来源与涉及学科

研究刊载体教融合的相关期刊，可以为学者们今后的研究提供新的思路。CNKI所刊载的824篇有效文献。其中核心期刊共153篇，中文社会科学引文索引共76篇，占文献总量的27.8%，可知目前体教融合研究的整体水平较低。刊载研究文献的期刊中，体育类的占86.55%，教育类的占12.55%，其他类期刊占0.9%，可见体教融合研究目前以体育学科研究为主，但已经形成了多学科交叉的研究趋势。另外，CNKI中刊载体教融合相关研究成果排名前10的期刊，共发表文献100篇，占体教融合领域研究总量的12.13%。布拉德福定律说，若排名前10的发文总量占总发文量的比重大于33%，则说明该领域的研究较为集中，已经形成稳定的期刊群。因此，我国体教融合的研究尚未形成稳定的期刊群。

3. 研究机构与合作情况

对研究进行分析，能够发现该领域的前沿性引导来源及传播源，能够有效地评估"体教融合"领域的研究实力，从而为决策者提供合作研究、人才交流等方面的依据。据 CiteSpace 软件统计得知，国内现有 379 家机构（以笔者标定单位计算）涉及体教融合方面的研究。其中有 11 家机构发文量在 10 篇以上，其他机构发文量都在个位数。这说明我国的研究机构在发文数量方面仍需进一步加以提高。我国体教融合研究的重要基地，即发文数量前 3 位的机构分别是上海体育学院、北京体育大学和江苏科技大学。

国内研究体教融合的合作团队匮乏，仅有一个合作机构群，即以上海体育学院为核心的包括上海体育学院体育教育训练学院/休闲系、江苏科技大学体育学院、南京工业大学体育部、华东师范大学体育与健康学院、上海市体育局、上海市建平中学等。这与上海市在全国率先提出体教融合战略举措及上海体育学院拥有本硕博一体化的学科体系密不可分。

很多机构，两两之间合作较多，如西华师范大学体育学院和四川大学公共管理学院，内蒙古师范大学体育学院和上海体育学院研究生部，东北师范大学体育学院和首都体育学院，中国登山协会和东华大学等之间都存在合作关系。从整体上看，有相当一部分研究机构尚未与其他机构合作，如沈阳体育学院、华中师范大学体育学院、广州体育学院、天津体育学院等有一定的发文数量，但尚未形成成熟的合作群体。因此，我国体教融合研究机构间需要加强合作，加强思想观点碰撞，扩大合作的广度。

4. 高产作者与合作情况

根据 CiteSpace 软件统计，从事过体教融合的研究作者有 500 人，而在这一领域，何志林发文数量排名第一，其共发表 7 篇文章。

我国关于体教融合的研究形成了多个小群体合作，部分合作群中有一位或者多位关键性人物。例如，以何志林、须晓东、朱迅华、刘成、虞重干为核心的合作群。研究发现，合作群主要依托上海体育学院、上海体育学院体育教育与训练学院、华东师范大学体育与健康学院等研究单位。以朱迅华、虞重干、周映红为中心的合作团队较为稳定，有相当数量的 2~3 人小规模合作群体，如郭修金、刘成、周建梅、刘同员等合作群体，这些群体的合作程度不明显。从整体上看，作者之间的连线和节点都比较稀疏，说明我国体教融合的研究学者合作情况欠佳，这在一定程度上限制了体教融合的研究深度。

（三）研究热点和重点研究方向

1. 研究热点

研究成果中最直观反映主题的是关键词。通过关键词，能够得出关键词词频和中介中心性，中介中心性值越高说明该词和其他词联系更为紧密，包含的信息量也更多。同理，词频越高说明热度越高。本书以主题和关键词作为研究热点和研究趋势的参考依据，得知前5位的热点词汇分别是"体教结合""竞技体育""体教结合""体教融合""后备人才"。

体教融合领域研究的重要主题大致概括为以下几个方面：一是关于体教融合自身的研究，如"培养模式""对策""可持续发展"等；二是对我外部大环境主要政策研究与发展需求的研究，如"竞技体育""后备人才""学校体育""举国体制"等；三是敢于吃"螃蟹"的实践创新先行地区、项目和学校，如"高校""中小学""上海市""足球"等。

2. 研究的重要主题

（1）关键词分析

对体教融合关键词分析，得出14个关注度较高的词，即"学训关系""举国体制""体教结合""业余训练""高水平运动队""竞技体育人才""体教融合""后备人才""体育管理""科学发展观""校园足球""学校体育""人才培养""体系"。

（2）体教融合研究中的重要主题

①体教结合的"现状""问题"和"对策"探讨研究

更多的学者是站在国家高度进行理论研究，少部分是以地方为代表、以项目为代表的具体研究，剖析了早期体教结合存在的系列问题。

因为忽略了运动员文化知识的学习，导致体育运动学校的生源危机。有学者指出"体教结合"从1987年推出至今，一直是两套体系并行。运动员实质上还是体育系统在培养，除了个别运动员属于"三在"运动员外，大部分运动员基本都在脱离学校训练，当前的"体教结合"仍是只体不教。当前体教结合的既定目标未能实现，提出了"教体结合"，这是一种全新机制，完全以教育系统培养为依托。很多学者觉得现有的体教结合虽提出多年，但由于"重体轻教"收效甚微。想要对"举国体制"进行完善，首要任务就是对以专业队为中心的三级训练体制进行革除，提出一条龙式培养模式，即以大—中—小学代表队建设。同时，也有学者提出，目前体教结合在时间冲突、训练环境、个体意志、训练水平、文化基础、体制传统、育人目标、集体意识等8个方面存在不同层次的矛盾，他们认为就当前阶段而言，我们只能缓解这些矛盾，很难从全局角度提出行之有效解决办法。更有一些学者认为体校单一的培养模式因文化学习缺失、教育资金不足、读训矛盾日益恶劣、人才渠道受阻等问题日显严重。

学者们对体教结合的研究，系统地总结了早期体教结合重体轻教、只训不学等诸多尖锐问题，指出传统的人海战术日渐落寞，在训运动队青黄不接严重，无论在规模还是效益上都难以满足新时代竞技人才发展的需要。"教体结合""回归教育""体教融合""小学普及—中学初步筛选—大学再次筛选的一条龙模式"等建议的提出，为日后我国竞技人才培养模式奠定了良好基础。

②体教融合内涵解读与优化路径研究

随着国家一系列政策法规的相继诞生，学者们纷纷将研究的重点放在体教融合内涵解读上，力图探索出适合国情发展的最优路径。有学者认为应用新概念"分享运动"和"还体于教"取代举国体制和体教结合，传承训练体系的精华，实行管办分离，参照国外成功的经验，从根本上进行改革。

有学者在2012年和2013年的论文中剖析了"混合型"模式、"省队校办"模式、"清华模式"、"南体模式"，指出要以"混合型"模式为基础，体育与教育系统应实施资源共享、利益共分、风险共担的管理体制与运行机制。也有学者剖析了清华大学的三育并重的教育理念，提出"育人至上，体魄与人格并重"的高水平运动员培养理念。还有学者建议教体部门要实现深度协作，让一体化培养机制变得更为健全、运行更加畅通，要让学校采用"一校一品"的教学方式，让社会办体育力量进一步壮大，对体校文化课教育模式不断探索与改革。

上述的体教融合的研究是在早期体教结合的基础之上，进一步剖析"体教"相容的现状，提出如"分享运动""还体于教""育人至上，体魄与人格并重""一校一品""开放、多元的公共体育事业参与"等新观念，为体和教深层次融合且向教育倾斜，注重运动员文化知识的学习，以及把运动员放在教育系统培养，夯实群众基础，扩宽人才引进渠道等提供了理论参考。

③国外体教融合经验借鉴研究

在探索本土竞技人才培养模式的同时，研究国外的成功经验也是比较聪明的做法。目前美国的体教融合是学者们研究的中心。我国相关学者指出，地方俱乐部和中小学校是澳大利亚体育运动的基础；英国和德国竞技人才培养都是以俱乐部为载体提高竞技能力，在学校普及并形成体系；法国的体育是由教育部部长掌舵，身体教育和运动教育由国家负责；韩国主要通过成文的法律法规保障教育和体育两大系统的融合。美国录取的大学生运动员必须具备以下条件：通过学术倾向测试；核心课程不能挂科且高中阶段核心课程必须得 C 以上；高中期间必修课程的数目和成绩合格；高中毕业。在美国体育育人与教育优先的理念之上，提出了竞技体育教体结合"以生为本"的观念。有的学者比较了中国和美国的高校体育，认为我国存在高校学校体育和生命教育方面融入不够、学校体育的比赛氛围不够浓厚、校园体育文化传播重视度不够、"人本位"的定位不清晰等问题，且选拔制度、程序培养模式皆存在弊端，提出充分发挥以运动竞赛为载体的全面育人功能和"人本位"的文化价值定位。有的学者对美国竞技体育成长因素及其特征加以分析，提出竞技体育协同治理、推进体育市场改革以及打造我国职业体育"联盟体制"等建议。还有一些学者指出美国中小学运动队与社会运动俱乐部互为补充，这样能够对大规模培养体育后备人才进行保障；指出英国竞技体育人才的培养是一种从中小学到体育俱乐部、单项体育协会、英国体育学院的自下而上、由宽渠道到专业化的路径，拥有体育资金投入、体育科技创新、教练员培训、运动员选材、运动员保障等健全的配套制度。

可见，国外体教融合得更加充分，体制更加健全，社会保障更加完善。这些发达国家的运动员首先是大中小学的学生，其次才是运动员，运动员的身份是完成学习任务之外的事，随着受教育程度的增长，他们在学术上和普通学生基本无差别。

（四）研究趋势

1. 内容逐步更新

自 2008 年起，体教融合领域的研究呈现出关键词密度高、讨论主题多样化、有针对性的特点，其中既有"竞技体育后备人才""体育教育""体教结合"等与体教融合相关的新热点，也有对"高校""教育""模式""培养""困境"等体教融合的新探索，直到 2018 年"体教融合"才作为新热点突现，对原有模式的研究也在逐步深入，高水平运动员提高竞技能力和学习文化知识的融合程度也在逐步加强。研究到一定程度，学者开始探讨新的体教融合模式，避免体和教分离，空喊口号。要多多汲取、借鉴国外成功经验，切实将体教融合落到实处，通过教育系统扩大体育人口基础，加强运动员管理制度，教练员培养制度，解决资金保障问题，政策保障问题，妥善解决学训矛盾，培养新时代有文化素养的高水平运动员。

2. 视角多元化

我国从传统的三级培养模式到体教结合再到体教融合，其研究热点不断演进，多元化研究视角将会成为今后研究的新出路。体教融合是学校体育发展和国家后备竞技人才培养的交叉地域。同时依靠群众体育人口、体育产业的发展及从业者的素质、稳定充足的资金支持，体教融合也呈现出综合发展趋势。现有的研究视角还较为单一，与其他学科间交叉研究成果在2010年之后呈现。有的学者从校园体育文化视角研究高水平运动队建设，提出在繁荣和丰富校园体育文化的过程中，促进高校高水平运动队的建设与发展；有的学者将体教结合的必要性与意义放在科学发展观的理念下加以研究并提出了相应举措；还有学者在公共治理理论视野下研究体教结合存在的问题，如机构不合理、结合点受力不均、规模不足、连接强度低等。新时期我国体教融合应考虑进一步实现参与机制、网络机制、合作机制以及责任机制的完善。因此，我国体教融合的研究需要开拓新学科，从不同科学视角进行研究，通过不同学科之间的交互性进行有效的路径优化，最终形成完整的体教融合体系。

3. 方法丰富多样

通过阅读文献，发现现有的研究中主要研究方法是：文献资料法、专家访谈法、问卷调查法、个案研究法、实地考察法。这些研究方法都是基于社会调查法的统计归纳总结，其理论研究有一定的厚度和层次。社会调查有大量的数据证明支撑，所产生的研究结果具有一定的代表性质，但也仅限于研究层面，难以在实践中全面推广。根据前文，学者之间稳定的合作群体数量少，多是两两合作，从整体上看学者之间的交流合作不够紧密，也决定了体教结合领域的研究比较分散，难以产出高应用型的作品。因此，借鉴发达国家较为成功的模式，结合政府更多利好政策，以及大数据信息更加精准透明的时代特点，我国体教融合科研人员应该提升合作意识，加强体教融合的网络信息共享，加强经济学、社会学等跨学科的理论和方法的运用，无论是数据还是文献都可以借助现有成熟的软件应用，创作出更加权威且具有一定实践性的作品，促进我国体教融合科学、长远的发展。

根据以上论述，我们可以进行如下总结：第一，我国关于体教融合的研究呈现平缓增长的线性趋势。第二，体教融合的研究成果主要刊登在体育类学刊上，学科间相互交叉融合崭露头角；体教融合领域的研究尚未形成稳定的期刊群。第三，国内研究体教融合的合作团队匮乏，仅有一个合作机构群，即以上海体育学院为核心的合作机构群。两两之间合作的研究机构较多，有相当一部分研究机构在合作之外游离。第四，由普莱斯定律得知，现今我国体教融合的研究还没有形成较为稳定的高产作者群体。我国关于体教融合的研究形成了多个小范围的合作群体，有相当数量的2~3人小规模合作群体，研究学者间合作情况欠佳。第五，体教融合的研究热点主要是对体教结合目前的"现状""问题"和"对策"探讨,体教融合内涵解读与优化路径研究、国外体教结合经验借鉴研究。第六,体教融合研究趋势呈现出研究内容逐步更新、研究视角多元化、研究方法丰富多样的特点。

第三章　高校"体教融合"的推进

本章对高校"体教融合"的推进进行了分析，具体分析了高校"体教融合"的发展特征、高校"体教融合"的现实困境、高校"体教融合"的时代价值这三个方面。

第一节　高校"体教融合"的发展特征

近年来，我国在竞技体育管理体制方面的改革不断向纵深推进，同时进一步贯彻落实科学发展观。当前党和国家对人的全面发展、竞技体育可持续发展、社会主义和谐社会的构建高度重视，体育和教育部门相融合已是迫在眉睫、刻不容缓。我们必须在教育中培养竞技体育后备人才，而学校也必将担负起对竞技体育后备人才进行培养的重任。"体教融合"既是我国竞技体育发展的基础，也是促使我国一步步迈向体育强国的必经之路。"体教融合"是由之前的"体教结合"发展而来的，并对"体教结合"的内容进行了发展和完善，对"体教结合"的范围进行了扩展，新的"体教融合"观点和从前相比，具有以下特点。

一、培养目标的特征

（一）长远性

早些年我国对于体育人才的培养，过于强调其体育竞技才能，而忽视了体育特长生的文化素质教育培养，由此产生了体育与教育部门职能分离的现象。从个人来讲，体育苗子过早脱离教育部门，没有系统地完成应有的文化教育，使得他们在退役后可安置的岗位有限，造成后续发展困难。就集体而言，学校没能充分地发挥自身所具有的教育功能，教育部门也把培养竞技体育人才这一重任，完推卸给了体育部门。为了解决以上问题,"体教结合"应运而生。然而,"体教结合"只是中国竞技体育发展和教育体制完善这一伟大进程中的某一特定阶段,而非适用于我国长远发展,具有阶段性。从时、效两个方面看,"体教结合"存在两大难题:一是分离问题尚未解决,二是效果以两部门结合情况来评判。具体标准我们可以比较体育部门与教育部门双方投入是否产生了大于2的效益,若1+1>2,表明"体教结合"产生了一定效果,否则,我们仍需继续完善改进。所以我们可以认为,"体教结合"的根本意义在于,把体育部门和教育部门结合起来,共同培养全面发展、优质的竞技体育人才。"体教结合"的出现是为了解决特殊历史阶段的特定问题,是我国计划经济向市场经济过渡中出现的阶段性产物。

而在市场经济持续发展的环境中,竞技体育人才的培养也是教育部门的职责所在,体育、教育二者相互融合,密不可分。"体教融合"不仅仅局限于当下学校在体育方面的名誉和成绩,更是站在一个更高层次,追求为我国储备后备竞技体育人才,培养优质运动员的长远目标。同时,又对我国学生德智体全面发展大有裨益,能够更好地丰富校园文化,提高全民素质。

在教育体系中融入体育后备人才的培养体系,就是将培养竞技体育人才的重担递给教育系统,由其负责与承担。其培养目标由多个层次构成,可分为长远目标、近期目标和短期目标。长远目标即为国家培养全面发展的运动员,近期目标则是提高学生体质健康水平、丰富学校文化、争得学校名誉等,短期目标包括提高学生运动成绩、文化成绩等。在过去,许多学校只着眼于短期目标,通过组建运动队、特招运动员,急功近利地追求学校的社会名誉,而体教融合则一改这种做法,着眼长远,在可持续培养竞技体育后备人才方面予以坚实保障。

(二)新的指向性

1. 体教融合目标新指向的现实诉求

(1) 体育消解青少年健康危机,应时而作促进青少年健康发展

对儿童和青少年的健康进行投资具有终身、隔代和更为经济的多重效应,这一点得到了世卫组织(WHO)、联合国儿童基金会和《柳叶刀》杂志联合组成的委员会的一致认可。体育锻炼在促进健康方面发挥着非常重要的作用,因此国家(地区)、社会、家庭等对儿童和青少年的健康进行"投资"时,应当将其作为一项重点内容。该委员会联合主席克拉克表示:全球青少年健康方面的财政投入人均每年缺口195美元。根据发育迟缓和贫困指标,低收入和中等收入国家(地区)已有约2.5亿5岁以下儿童无法正常发育。与此同时,社会的不断发展也对青少

年，特别是发达国家（地区）的青少年产生了巨大影响。从全球角度来看，平均每年每名青少年都会接触到 3 万多条的商业媒体广告，其中不乏电子烟、垃圾食品、含糖饮料的疯狂营销。在这些广告的影响下，青少年很容易形成不健康的生活习惯，损害自身身体健康。此外，由于生活方式逐渐向现代化转变，青少年在生活体力活动和体育锻炼活动方面明显变得不足，如他们回家后更多地选择窝在沙发里看电视、玩手机，而不是到大自然中呼吸新鲜空气。

1975 年，青少年的肥胖人数为 0.11 亿，而到了 2016 年，这个数字已猛增至 1.24 亿，足足增加了 11 倍。无论是国家（地区）、社会还是个人，都将在现在乃至未来为这一数据付出高昂且沉重的代价。

同时，青少年的心理情况也不容忽视。就儿童医学角度而言，那些在成年人身上会出现的精神障碍、心理问题（除痴呆以外），都有可能在青少年身上发生。在"心理障碍"的问题上，青少年属于易感人群，而他们的精神障碍、心理障碍等问题也越发变得突出。实际上，这也与青少年的生活方式有关，他们每天长时间地久坐不动，很少进行体育锻炼，不仅违反了健康成长的规律，也威胁到身体与心理的健康发展。

从青少年身心健康角度来看，想要保障青少年健康发展，我们就要着眼于他们的生活方式。不难看出，那些进行系统体育锻炼、坚持均衡营养膳食的青少年，往往会拥有更为强健的体魄、更为昂扬的精神。而从儿童、青少年竞技能力发展角度来看，科学地对他们进行阶段性、有序性及专项不断深化性体育教学或运动训练，将使其终身受益。因此，全球各国（地区）在体育、教育等跨领域进行健康投资，将对儿童、青少年乃至全社会的可持续健康发展提供巨大助益。

在我国，就教育领域和体育领域的培养目标指向来看，二者存在一定差异。这种差异也造成体育部门和教育部门在青少年体育技能培训、体育赛事、学习体育活动等方面出现政策壁垒，导致彼此无法对资源进行合理优化配置，也难以形成协同治理的良好合力，"体教融合"自然也无法真正落到实处。当前，国家积极采取融合性举措，如在学校创建青少年体育俱乐部、构建学校体育赛事体系、在学校设立教练员岗位等，对学校体育工作内容进行全面拓展；同时，还提出诸多改革举措，大力破除体育教师编制、待遇等政策壁垒，推进体育部门资源向教育领域配置，意在通过这些措施，在青少年群体中充分发挥体育健身、健心、健群的功能，让体育回归教育，并成为教育的重要组成部分。

除此之外，我国还通过多种方式对体育的教育功能进行彰显，如培养体育技能、组织体育赛事、传播体育知识等，从而对学校、青少年体育俱乐部等教育和体育领域的资源进行充分整合，逐步实现组织形态多元化、活动方式多样化、赛事体系多层级化，在促进青少年健康成长的过程中让体育重要的、不可替代的作用得到充分发挥。

（2）教育补齐青少年体育后备人才培养短板，提升人才培养效率

归根结底，竞技体育事业可持续发展的基础和动力就是培养青少年体育后备人才。

中华人民共和国体育事业发展初期，我国体育事业的基础较为薄弱，在竞技体育的发展方面存在亟待满足的需求，因此，国家体育运动委员会于1956年颁布了《青年业余体育学校章程（草案）》《少年业余体育学校章程（草案）》，同时以此为依据，将体校正式确立为开展全国业余体育训练的唯一形式，即对青少年业余时间加以利用，通过早期专项训练培养优秀青少年体育后备人才[①]。

从学理层面加以分析，这一时期，我国以体校为主要架构的青少年体育管理体制已经形成。然而，由于大众抱有"无育之体育"的认知，在体育功能的认识方面存在较大偏差，导致体校的文化教学水平与普通中小学相差甚远，青少年体育后备人才选拔难度日益加大。在运动项目方面，传统优势项目（如举重、跳水、射击、体操等）存在缺乏后备人才队伍的问题，不能很好地在广大青少年群体中科学选拔人才；而对于篮球、乒乓球、羽毛球、游泳等具有较强普及性的项目，尽管它们得到了青少年的广泛参与，却没能实现精英培养、精准投入，因此同样缺乏优质人才，出现断档问题。由此可见，在青少年体育后备人才的选拔、培养、输送问题上，单纯依托体校是远远不够、难以为继的。因此，亟须对体校功能进行再造与拓展，同时对教育领域资源进行整合，从而实现青少年体育后备人才培养组织体系的进一步完善，以及功能的进一步提升。

在这一阶段，国家教育体系通过建设普通学校高水平运动队来彰显中国体育教育的特色。例如，教育行政部门、学生社会组织对面向全体大中小学生的体育赛事进行构建。然而，这些举措的目标依旧不是对青少年体育后备人才的培养和将人才输送向国家队，同时，"学训矛盾"也出现在小学和中学之中。此外，对于高校来说，其仅仅将高校高水平运动队当作自身的办学特色，没有对其进一步优化与完善，使得高校高水平运动队缺乏合理的项目布局，也缺乏科学的人才培养体系，难以培养精英人才和体育专业教学人才；对于教育系统，青少年体育后备人才并非其培养目标；而对于青少年和其家长而言，"成为体育后备人才"往

---

① 柳鸣毅，但艳芳，张毅恒.中国体育运动学校嬗变历程、现实问题与治理策略研究[J].体育学研究，2020，34（3）：64-77.

往也并非他们参与体育运动的目的。

从体育和教育资源层面来看，体育部门、教育部门都将"青少年健康成长"作为核心理念，在扎实做好青少年体育普及差异化、多样化、层级化、网络化的基础上，对优质体育师资、场馆设施、体育组织和体育赛事等资源进行整合，从而使得普通中小学、大学逐步提升自身对青少年体育后备人才的发现、选拔、输送作用。但是，在很长一段时间中，普通学校在创建青少年体育俱乐部方面都缺乏政策依据，同时，学校体育老师不被允许参加课外辅导，或者即便他们对竞赛活动进行组织，也不会被算进工作量，拿不到有关补贴。不难看出，单靠体育课很难让青少年真正掌握1~2项体育技能。因此，有关部门应出台相应政策，以政策为导向、为基础，大力支持普通学校对青少年俱乐部进行创建。这样既能够面向全体青少年开展丰富多样的体育活动，还能够依托青少年俱乐部开展体育选材工作、进行业余训练、举办体育竞赛，使其具有在教育领域对青少年体育后备人才进行培养的功能。

同时，在破解教育领域对青少年体育后备人才培养的政策瓶颈方面，可以采取一系列行之有效的改革举措，如"一校一（多）品"模式、市队校办、国家队高校办、区县体校与普通学校合作、体育传统特色学校建设、联合创建高水平运动队等，集中力量在教育领域融入体育专业资源，从而切实将培养渠道拓展开来，解决存在的问题，补齐有关短板。

2. 体教融合目标新指向的支撑特性

体教融合不仅重新树立了"体育是教育的重要部分、教育是体育的重要功能"的理念，更是对青少年生活、娱乐、学习等组织特性和活动规律的遵循，是促进青少年健康、培养体育后备人才非常重要的途径。无论是政策的缺位，还是政策执行的阻滞因素，都对体教融合产生了制约。在充分且深刻地认识到这一点后，党和国家最高级别的深化改革机构对相关政策进行了调整。因此，体教融合正是一项重大改革工程，其具有长期性、跨越性和复杂性，不仅面临现实中的巨大挑战，同时也迎来了政策机遇。具体来讲，如果改革青少年体育、教育等领域公共事务管理体制以及运行机制，就势必会对政府、社会、市场领域的组织职能与资源分配等治理方式进行重新厘定，如：以全社会共担青少年健康发展的新定位，以全阶段共同促进青少年主动健康的新布局，以协同治理营造新环境，以"普及—精英"一体化体系作为新行动指引，对传统的以体育课为主的学校体育体系和以体校为主的业余训练体系进行突破，构建适宜青少年健康成长规律的进阶式学校体育体系和一体化业余训练体系，进而以跨域性体育治理体系支撑体教融合政策

实施。

（1）新定位：全社会共担青少年健康发展

党和国家长期对青少年健康发展予以高度关注。在促进青少年健康方面，"体育"的地位与作用也愈发受到重视。我国提出"体教融合"理念，并对其全面落实，主要目的就是破除障碍，解决一系列问题。例如，当前我国的教育领域仍旧存在"体育课不是主课"思想，其他科任教师常常"霸占"体育课，学生对体育课也不够重视，一到自由活动时间、休息的时间或是背书，或是写作业，很少主动进行体育锻炼。再如，在体育领域中，对青少年体育后备人才的培养依旧存在单一化问题，虽有相关政策，却难以真正落实，也无法最大限度地优化教育资源。针对这些问题，"体教融合"重点围绕高水平运动队特色建设、体育赛事、学校体育、体校改革、体育师资队伍、社会体育组织和政策保障等核心问题，对人员整合、组织建设、活动开展三个领域进行深化改革，对促进全体青少年健康发展提供全方位保障与支撑。

以政策为国家实施深化体教融合改革提供指引，为基层在学校实施体育课程改革和开展青少年课后体育系列活动提供指导，以及为体校创新办学机制、社会力量参与普通学校和体育领域青少年体育工作提供依据，是非常有必要的。在跨越性政府治理的主导下，为青少年营造校内外参与体育活动的氛围，提供普及体育运动和更高水平的精英体育发展的空间，形成以"普通体育课程接触体育、课后体育活动融入体育、高水平运动队选拔人才、体育赛事平台展现能力、体校锻造精英体育人才"为基本逻辑，由政府部门、社会组织和市场机构共担体育促进青少年健康发展和后备人才培养的成长体系。

（2）新布局：全阶段共促青少年主动健康

实施"健康中国"国家战略的核心理念就是推动从"治未病"到主动健康意识和行为的转变。在青少年发展阶段，对于终身主动健康来说，加强体育等健康行为有着无可替代的重要作用。很长一段时间中，在体育、教育等领域，国家投资甚多，无论是对学校体育场馆等硬件设施的兴建与改善，还是对层级化体校体系的构建，抑或是对校外体育新领地的拓展，种种举措都奠定了青少年体育工作的开展基础。但是，现实中仍然存在这样的情况：学生尽管喜欢体育运动，却不愿意上体育课；部分人成为体校运动员并不是因为他们具有体育潜质，而是因为自身文化学习成绩较差、性格太过活跃等无关因素，属于被动入训；社会方面、家长方面仍然对从事体育运动不太认可，持消极态度，行动力也偏低；青少年仍没有形成以体育锻炼和更高水平的运动训练为手段的主动健康意识。其实，儿童的天性和本能就是"好动",在这一阶段我们要承担的使命与责任就是,通过科学有序的体育干预促进儿童建立运动条件反射。目前,由于青少年崇尚体育明星、注重身体管理、乐于群体活动,也由于数字体育分享的兴起,体育已经逐渐成为他们的生活方式之一。而对于政府来说,就要借助这一契机,面向全体青少年,为他们搭建起全阶段共促主动健康平台,履行好这一主要社会责任。

如今,我国正在逐渐明确政府部门之间在青少年健康治理方面的纵向权力与责任的划分,对缺乏规范和机构职能横向配置以及交叉重叠等缺陷加以完善,超越了传统体育课程学习范式。例如,体育部门和教育部门联合起来,共同对体育传统特色学校进行创建,从而对基层体育、教育领域资源加以整合,为学校创建高水平运动队、开展冬夏令营活动、举办学校体育赛事、选拔培养体育特长生等给予精准支撑,以多元化的体育活动吸引青少年注意力,使其积极参与,主动展现出自身潜能,以层级化的体育赛事为青少年搭建比力斗智平台,以体育特长学生体系帮助青少年塑造主动超越的精神,以国家主导的体育人才培养路径对青少年主动成才方面的政策壁垒予以破除,以"体育+健康"的多元模式助推儿童、青少年主动健康的全新布局。

(3)新环境:全领域共破健康发展壁垒

近年来,无论是人民群众的受教育水平,还是他们的身体健康素质,都在很大程度上得到了提升。体育也拓展多样化的项目、采用多元化的方式、探索发展新路径,为青少年的健康发展提供一臂之力,也对竞技体育后备人才进行全方位培养,即体育高度融入了教育领域、健康领域,在青少年群体中注入了健康促进的全新观念。与此同时,在培养青少年体育后备人才方面,我们不再单纯依靠体育领域的资源,因其已经融合了一系列纵横交错的命题,包括青少年健康水平、文化教育、社会融合、业余训练、职业发展等,需要进行协同化治理。不过,具体到政策执行方面,我们仍能发现不少问题。其一,体育行政职能存在地方自治空间不足现象,这也导致地方政府不具有较高的协同化程度,阻碍的壁垒也随之而生;其二,由于长时间以来的高度行政化管理,体育或教育领域局限于对国家资源的依赖,加之学校体育政策目标和培养青少年体育后备人才政策目标以及目标执行过程的不对称,很容易出现资源浪费的问题。

为打破理念禁锢,打破部门壁垒,我国多措并举推进改革,营造体育、教育等领域对青少年体育进行协同治理的新环境。其一,对激励政策壁垒进行破解。政策的落实归根结底要依靠人的力量,具体来说,就是要充分发挥体育领域、教育领域中从业人员的主观能动性。但是现如今,我国的体育教师与教练员普遍存在地位偏低、待遇偏低的问题，他们的职称评定通道也不够畅通，这不仅难以调动体育教师与教练员的积极性，更会导致人才的流失。因此，我们应当允许体育老师和教练员参与课余训练、竞赛等活动，充分肯定他们的付出，给予其工作相应的酬劳；体育部门、教育部门都要牢记协同治理理念，对体育赛事的运动技术标准共同进行制订，对体育教师、教练员取得的成绩及时给予认可和奖励，实现"谁培养、谁受益"，切实使激励作用得到发挥，破解横亘的壁垒，让青少年积极主动投入体育赛事之中，也让体育教师、教练员全力以赴地对人才进行培养。其二，对资源保障的壁垒加以破解。目前，在青少年体育领域，尤其是事业机构与社会机构等方面，我国还存在着很大的空白，学校的体育场馆、体校的资源、社区体育组织等方面，或是处于闲置状态，或是未能实现合理配置，因而应当加大对学校创建青少年体育俱乐部的支持力度，以这一改革措施让我国体育培训服务领域变得更加规范、更加标准，向着层级化发展，从而破解招生难、进校难、场馆使用难等长期存在的问题。从政策科学的视角来看，当前青少年健康处于多重危机之下，而融合共治的公共治理精神将贯穿青少年体育组织创建、人才培育、科学指导、体育赛事、活动开展和文化交流等各方面，营造全新环境，为促进青少年健康、培养体育后备人才做出更有力度的保障。

（4）新行动：全过程共建"普及—精英"一体化体系

虽然环境、教育、公共卫生、营养等多方面因素都影响着青少年，使其面临多重健康危机，让学校体育来承担青少年体质下降的全部责任显然是不客观的。但是我们也要看到，学校体育确实应当承担培育青少年身体素养、助力青少年健康发展的责任，也确实应尽到这方面的义务。早期专项化的培养理念既与青少年生长发育规律相违背，也不符合体育、教育的发展规律，更不能满足青少年家庭与社会发展的需求。基于此，我国应围绕促进青少年健康成长、培养体育后备人才的目标新指向，依托跨领域的组织、人员、活动等方面的融合，打出一套"组合拳"，进行一体化改革设计。

我国研制了青少年体育训练"普及—精英"一体化发展体系，其在对运动入门、启蒙训练、技能发展、一般训练、专项训练和强化训练的阶段进行划分时，主要以年龄阶段、运动认知主要特征、体育参与方式等为依据。青少年体育训练"普及—精英"一体化发展体系不仅符合青少年生长发育规律，也符合教育和家庭成长规律，符合体育技能发展规律，其以新时代体教融合政策的目标为依据，且以激发参与动机、协同组织治理、融合多元诉求、精准配置资源等方式，促进新的行动计划应运而生且得以实施，既满足青少年体育促进健康发展的全体量要求，又遵循个体差异、健康成长及人才培养的基本规律，以拓展规模、精准投入的理念培养青少年体育后备人才，具有科学性、适用性。

二、培养主体的唯一性

体育和教育系统是"体教融合"的培养主体，二者共同采取行动，发挥作用。但是双主体的模式本身存在弊端，由于两个主体在培养竞技体育人才上的目标和利益可能会存在矛盾，二者在培养的方法途径上也不可能完全一致。同时，体育系统和教育系统的下属部门各自的具体情况不尽相同，它们会自主选择有助于本单位发展利益的方式进行"体教融合"，所以各地"体教融合"的模式多种多样，具有差异性。

实际上，教育系统应当是"体教融合"的培养主体，并且是唯一的培养主体。所谓"融合"，实际即指将教育体系与培养体育后备人才相互融合，将教育、体育系统的资源相互融合，主体均为教育系统。如此有利于激发教育系统的积极性和主观能动性，对集中力量发展我国体育教育事业具有重要意义。同时，体育系统在运动员选拔培养、教练员指导上也能够借助教育系统的优势。除此之外，"体教融合"还有助于我国各职能系统分工细化明确，提高资源配置的有效性和合理性，明晰彼此之间的权与责，防止出现互相推诿的现象。

三、培养对象的业余性

"体教融合"的培养对象具有业余性。其培养对象不只是体育特长生，它是全体在校学生。一方面，可以使学生在校接受科学文化教育的同时，加强体育锻炼、全面发展。另一方面，有助于体育系统培养竞技体育后备人才，扩大运动员的选拔范围，进而推动我国竞技体育事业可持续发展，也减少了有潜质的体育人才被埋没的情况。

在教育体系中融入体育后备人才培养体系，实际上也是对培养对象有更清晰的认知。从整体角度来看，我们所培养的人才首先具有的身份是学生，随后再具体细化，才是"有着运动特长的学生"，因而归根结底还是要实现学生的全面发展。这样做既能够助推学生更好地完成文化知识的学习任务，拥有更好的文化素养，又能够对运动员的选材面进行拓展，从而发掘出更多的具有潜质的优秀后备人才，从长远来说，对体育可持续发展具有重大意义。

四、培养过程的科学性

"体教融合"后,竞技体育后备人才的培养重任落在了教育系统之中,教育系统也吸纳了体育系统的部分资源。其中,体育系统的专业科研资源和优质教练员的人力资源,大大提高了教育系统培养运动员的质量和效率。可以说,教练员的水平以及专业配套保障人员的水平,直接决定着运动训练的科学性水平。

现如今,我国大部分运动项目的运动员存在基础薄弱的情况,这在一定程度上对其向更高层次迈进造成严重限制与阻碍。之所以会存在这样的问题,很大程度上源于运动员在基础阶段得不到高水平教练员的指导,训练方法也不够科学。高水平教练员既有着参加运动竞赛的经历,具有宝贵经验财富,同时也拥有丰富的专项理论知识,加之具备学校科研力量的支持,因而能对竞技体育后备人才在基础阶段的训练上给予更为科学的指导,这极大地促进了运动员运动水平的提升,对其运动生涯的后继发展也提供了很大帮助。

五、体教融合政策的变迁性

体教融合政策不是一成不变的,其具有变迁性。纵观我国"体教融合"政策演进历程,大致经历了四个阶段,在这四个阶段中,其由形变到实变,最终实现质变,呈现出层层递进的特征。

(一)酝酿形成期(1949—1984年):体教配合的政策引入

在酝酿形成期,体育不再仅仅局限于"增强人民体质"的群众运动,而是一步一步承担起政治功能,发挥着提升国际地位、增强民族自信心与凝聚力的作用。同时,竞技体育训练与教育系统渐行渐远,二者逐渐彼此脱离。当然,在后期,就促进"体""教"结合方面,国家也探索出台了部分支持性政策,在政策的指引下,二者在外部曾短暂地互动相交。不过由于有关政策不具备明确的导向性,运动员的文化教育情况在现实中仍未得到真正重视,因此体育与教育之间并不算"结合",更多趋向于"配合"。

(二)初创探索期(1985—2008年):体教结合的政策贯彻落实

在初创探索期,国家制订出台了大量的"体教结合"政策并对之予以贯彻落实。多元体教结合模式应运而生,其以高校试办高水平运动队为基础,收获了一定的成效。例如,清华大学建立了"小学—中学—大学"的"一条龙"人才培养模式,而于2003年,在世界大学生运动会上,其自主培养的学生胡凯一举夺得百米冠军。同时，教育部门培养出的高水平运动员越来越多地参加体育竞赛，取得了世界大学生运动会的外联和组团权利。然而，尽管在初创探索期我们因"体教结合"取得了一定的成绩，但是也要看到存在的问题，那就是由于受到多重因素的阻碍与制约，我们仍未能充分地发挥出体教结合模式的作用，未能出现较多的成功案例。

（三）成长扎根期（2009—2019年）：体教融合的政策潜心筑基

步入成长扎根期，我们对运动员文化教育和学校体育工作进行了全面完善与进一步强化，其所涉各方面的总体发展水平都得到了显著提升。以校园足球为例，中国足协在2010年现有梯队建设中纳入了学校业余训练，这也反映出青少年竞技体育正在逐步融入学校教育之中。从横向角度分析，在人才资源等多个方面，竞技体育青训体系和校园足球竞赛都实现了有机整合；从纵向角度分析，体教双方构建了从小学到高校上下贯通连接的足球四级竞赛体系。由此可见，"体教结合"发展模式愈发明确、具体，正向着融合方向一步步迈进，从而为后续深化体教融合改革打下了坚实基础。

（四）成熟丰富期（2020年至今）：体教融合的政策深化发展

在成熟丰富期，我国重新定位了体育的目标及其价值功能，以期更好地与国家发展需求、青少年健康发展要求相适应，同时将体育的教育属性、文化属性充分彰显出来。国家体育总局和教育局于2020年9月印发了《关于深化体教融合促进青少年健康发展的意见》，针对"体教融合促进青少年健康发展"进行重大部署，将促进青少年健康和培养竞技体育后备人才作为"体教融合"的两大目标。其深化体教融合决心之大、范围之广、措施之实前所未有，成为"体教融合"演化发展过程中的里程碑。

体教融合正以"健康第一"为导向，向促进青少年健康发展的新时代迈进。相较于之前提出的"体教结合"，新时期的"体教融合"以促进青少年身心健康发展为立足点，以强化学校体育工作为目标，反映出国家对"体教融合"概念应得到进一步丰富与拓展的深刻认识。之后，国务院又出台部分文件，如《深化新时代教育评价改革总体方案》《关于全面加强和改进新时代学校体育工作的意见》等，对"体教融合"提出更为完善的发展策略和更为具体的落实要求，使其一步步成为体育强国建设进程中连接群众体育、竞技体育及体育产业等多领域的重要一环。

回看过去，立足现在，展望未来，可以看到，体教融合政策拥有非常丰富的演化历程，其未来的发展必将是"进行时"，有着非常广阔的发展空间。

第二节 高校"体教融合"的现实困境

一、制度之惑

（一）体教新问题

步入新时期，"改革开放"成为最为鲜明、最为显著的主旋律，无论是农村还是城市，无论是经济领域还是其他各领域，全面改革都在势不可挡、如火如荼地进行着。体育作为社会大环境中的一分子，同样把改革贯穿发展始终。"十二五"是中国发展方式历史转折的关键点，共有着三条改革主线：其一，加快推进以经济增长方式转型为主线的经济体制改革，为进一步完善社会主义市场经济体制奠定坚实基础；其二，加快推进以适应社会公共需求转型为主线的社会体制改革，为实现公平正义、社会和谐提供制度保障；其三，加快推进以政府转型为主线的行政管理体制改革，为形成中国特色社会主义行政管理体制奠定重要基础。

我国的体育事业，粗略可以分为竞技体育、群众体育和学校体育三个方面。竞技体育依托于"举国体制"策略在短时间内有了质的飞跃，使得中国从基础差、底子薄的现状中解脱出来，一跃成为体育大国。在2008年北京奥运会上，中国一举超越美国占据金牌榜首位，这是中国竞技体育事业发展的高峰，除了给国人带来了骄傲和自豪外，一些相当现实的问题也摆在我们面前。例如：篮球、排球、足球，这三大球的总体水平远远未能达到世界一流；在那些有着较高职业化程度、得到广泛开展、商业价值较高的项目上，我们和美国等体育强国存在着较大差距；而对于田径、游泳等核心项目来说，我们与体育强国之间的差距也是有目共睹的；很多夺得金牌的项目属奥运边缘项目，含金量偏低，等等。

与竞技体育的独领风骚相比，我国群众体育的发展则相对缓慢而滞后，但是随着国家经济发展，国民文化水平提高，强身健体的意识在民众的思想中渐渐确立，人民的闲暇生活有了不同的色彩，群众体育渐渐发展，无论是广场舞还是慢跑、散步等活动，老百姓能够"动起来"便是群众体育发展的好现象。然而我国走的道路是"竞技体育优先发展"，这是一条不协调的路，使得群众体育的发展相对落后。因此，我们需要更加清醒地认识到体育事业发展，特别是公共体育服务体系建设中存在的突出矛盾与问题，切实加以重视；认识到当前社会体育资源仍不够充足，无法满足广大人民群众日益增长的体育需求；认识到在建设体育强国过程中，群众体育的发展仍然较为薄弱，亟待进一步强化与完善。

反观之，有组织的学校体育却成为体育事业中问题严重的环节。首先是应试教育导致当下的教育大环境以分数为重，体育课程得不到学校和家长的重视，同时随着科学技术与经济的迅猛发展，学生闲暇之余的娱乐生活选择性广泛，留给体育锻炼的生存空间被急剧压缩。1979年以来的六次全国学生体质测试结果表明，我国中小学生体质发育特征为"高身材、低素质"，这种"外强中干"的现实直接表现为形态发育水平不断提高而体能素质发育却持续下降。

从制度角度分析，导致我国学生体质不断下降的原因包括如下几方面：

其一，在教育制度方面，对学生的评价标准存在"重智力、轻体力"现象，这进一步地弱化了"体育"在学校教育中的地位，导致《学校体育工作条例》等无法得到很好的落实，埋下了学生体能素质下降的隐患。

其二，在体育制度方面，由于受到"体教分离"和政府垄断行为的影响，竞技体育制度很难发挥对学校体育的发展的促进作用。在"重竞技、轻群体"的体育发展导向下，学校体育更无法得到应有的重视。

因此，我们应当对教育制度进行改革，在学校教育中将"体育"置于重要地位，不能再忽视；要对"体教融合"模式进行积极探索，切实保障学校教育和竞技体育紧密联系、相互融合、共同发展；要对体育活动的功能和重要性进行大力宣传，让社会民众，特别是学生家长意识到体育活动的作用，提升他们的体育意识。总之，我们要多措并举，从制度根源上解决问题，对学生体质持续下滑的情况进行扭转。

要想改变体育和教育宏观方面的问题，必须大力推进"体教融合"制度，使体育部门和教育部门共乘"一条船"，唯有两部门方向一致，目标一致，深度融合才能顺利进行。

（二）"举国体制"围城

在我国，"举国体制"是竞技体育的基本制度体系。我国在物质条件极度匮乏的计划经济发展过程中，一方面对苏联等国家的体育制度发展模式进行借鉴，一方面立足我国实际，对我国自身竞技体育的发展规律加以探索，通过长期的实践与总结，进行不断调整、持续改革，逐步发展形成了这样的制度体系。"举国体制"为我国竞技体育取得辉煌成就提供了重要保证与支撑。

可以说,"举国体制"在我国的实践取得了巨大的成功。不过数十年时光,我国竞技体育就实现了从无到有的突破,我国更是迈进了世界竞技体育强国行列。

"举国体制"为竞技体育事业整合了各级行政资源、财税资源,同时使其在政策资源上也获取了更大的支持。作为一种典型的政府管理体制,政府对几乎所有的竞技体育活动行使管理权,同时对竞技体育事业发展所需要的经费进行承担。在经营竞技体育事业时,政府采用的是计划经济模式,同时还形成了以行政手段为主的竞技体育管理模式。

依托"举国体制"的管理模式,我国的竞技体育形成了"三级训练模式",这是一种以国家队为龙头,以省市专业运动队为中坚力量,以业余体校为基础的多级训练体制。作为我国发展竞技体育的主要措施和组织手段,三级训练模式保障了我国竞技体育综合实力在短期内跻身世界前列。

如果单从获得多少枚金牌来看,我国实施"举国体制"无疑获得了巨大的胜利——在近几届夏季奥运会中,我国夺得的金牌数量始终位列前三;而在亚运会中,我国也在奖牌榜上独占鳌头。因此,值得肯定的是,在我国特殊历史条件时期,举国体制能够动员全国力量并对其进行调配,助推竞技体育水平显著提升,使我们在奥运会、亚运会等国际大赛中夺得非常优异的成绩,完成了竞技体育事业的超前发展。

然而,归根结底,竞技体育的目标不是一时一刻的,它是一个长期的、具有连续性的目标,我们无法单纯地用"完成了"或者"未完成"对其进行判定。就目前而言,我国"举国体制"非常成功,不过同时我们也要看到,这一"成功"是在当前社会环境以及公认的判定标准中得来的,不能忽视其中可能存在的问题。

"举国体制"在制度设计的过程之中,其主体目标都是围绕着迅速提升竞技体育水平而展开的,这也就成为种种问题暴露的伊始。在"举国体制"最为重要的三级训练网中,业余训练是为半专业运动队输送优秀的竞技体育人才,半专业运动队是为专业运动队输送优秀的人才,最终为国家队输送优秀的竞技体育人才。我国实施"举国体制",主要目的是在世界竞技体育舞台上夺取比赛优胜,展现我国竞技体育的实力和国际竞争力,最终实现体育大国目标。

举国体制的最终目标是通过不断提高运动员竞技水平,争取优异的比赛成绩。在这种目标的驱动之下,运动员过早脱离普通学校的学习文化氛围,全身心地投入到提升竞技运动水平之中。在竞技水平巅峰时期,为国效力。然而,一旦他们由于身体原因、年龄原因出现竞技水平下滑,无法代表我国竞技水平,无法夺得奖牌之后，就会被"举国体制"排除在外。为了提升竞技体育水平，提高国际竞争力，"举国体制"过于偏重竞技体育，而这并不符合人的全面发展需求。

在"举国体制"下，我国形成了"国家—集体—个人"利益主体，背离的"以人为本"的科学发展观，将运动员作为获胜的手段或工具，使得"举国体制"走向"金牌主义"的误区。

"举国体制"在我国竞技体育发展过程中的功绩不可磨灭，为我国铸就奥运辉煌、体育事业迅速崛起作出巨大贡献。在一定历史时期的政治、经济、社会文化的大背景下，其出现与发展有着自身的合理性、可行性。然而，随着我国经济社会快速发展，"举国体制"的弊端渐渐暴露并且愈发明显，改革势在必行。

当前，社会各界不仅关注竞技体育，更关注其与群众体育能否协调发展、双管齐下，而政府也高度重视学生体质健康水平的连续下降问题。以此为大环境、大背景，依托政府的"顶层设计"进行自上而下的调整势在必行，至此我国开始了"体教融合"培养模式的探究之路。

（三）高校教育壁垒

"体教结合"的培养模式将高校培养高水平运动人才的体系带入人们的视野之中。

目前很多高校正努力向着综合化的方向靠拢，但是在靠拢的时候因为急功近利等原因使其在综合化进程中显示出很多不足。比如，片面地认为高等教育的综合化就是大学的综合化，纷纷将高校合并成为综合性大学列为工作的重中之重。其实严格地看来，学科的综合化和课程的综合化才是高等教育综合化的基石。高等教育综合化的主旨同样在于培养全面发展的人以及推动教育的可持续发展。

反观我们的体育教育，其实体育这门学科应当是一门综合性非常之强的学科，与力学、生物学、化学以及人文教育都应有着深刻的联系。但在实际的操作中，却往往被割裂开来，只被单一地视作一种操作技能的练习，与其他学科的发展并无联系甚至相背离。

进入 21 世纪以来，为了扩大教育消费，拉动消费内需，促进国内经济持续增长，解决长期困扰大学经费不足的矛盾。国家作出了扩大教学规模的决策，但是在教学规模扩大的同时也带来了硬件设施不足的基础性问题。

以体育教学来说，扩招使得大量的学生涌入大学校园，体育课上课班级猛增，场地匮乏、人员拥挤、设施短缺等问题纷纷暴露出来，尤其是室内体育场馆更是无法满足学生使用需求。部分体育项目无法开展，同时还存在一定的安全隐患，严重影响了体育教学的质量。

通过分析我国高校现有的体育设施，我们不难发现，体育设施主要被用于高校的体育教学、学生的课外体育活动、运动队的训练，有时会举办校内外的体育比赛。这些体育设施在建设时，由于受到资金制约、设计理念的限制，往往出现建设规模较小、使用功能较单调的问题，无法与社会体育、高校体育的发展需求相适应。例如，有很多新兴体育项目备受大学生喜爱，但是当他们走进学校体育馆时，却发现没有能够开展该体育项目的场地。相较于高校体育领域的变化，高校体育场馆的建设与发展都处于滞后状态，没能具备培养学生"终生体育观"的功能，也没能成为活跃师生课外生活、满足社会交往需要的重要场所。

随着"体教结合"培养模式的不断发展和完善，体育设施匮乏的现象更加严重起来，普通的体育课与高水平运动队训练时间一旦重合，使本就空间有限的运动场地更加捉襟见肘。

二、实践之难

（一）竞技体育后备人才流失

奥运会是竞技体育成果在世界范围内得以展示的最高舞台，所有运动员都渴望着有一天能够踏上奥运会的舞台，而每一个国家的竞技体育水平也都将在这一舞台上得到检验。因此，体育部门层层选拔运动员，以期发掘更为优秀的竞技体育人才。综观当前我国体育机制，在培养运动员方面，实行的是体校、地方队、国家队的"三级训练网"体制，故而体育部门选拔运动员时自然也在这一体制中进行。

但这样的选拔制度存在着不容忽视的问题，如清华跳水队，曾被誉为"体教结合"的成功典范，然而却由于其选拔制度而出现队员私自离队、被地方队抢先注册等问题。游泳运动管理中心明确规定了跳水运动员在注册方面的问题，表示一名运动员、教练员在一个注册年度内，只能在一个单位进行注册，而运动员在参加比赛时，也只能代表其注册的单位。在上述规定的限制下，运动员只能返回地方队进行注册，否则就没有办法参加国家队选拔。

现如今，对运动员的培养过程已经开始社会化，而体制内的运动员选拔机制却严重制约了竞技体育事业的发展，特别是严重阻碍了教育系统对竞技体育后备人才的培养。

竞技体育后备人才培养的实践之难其根本性原因依旧在于体制上的弊端，我国现行的"举国体制"带有明确的"行政垄断性"色彩,在"举国体制"之中,始终处于强势地位的利益集团是国家体育相关职能部门。尽管"体教结合"培养运动员模式具有先进性,能够强有力地推进运动员运动竞技能力的发展,对运动员的全面素质进行培养,具体落实了以人为本的科学发展观。然而,"体教结合"以高校平台发展壮大为基础,势必会对国家体育相关职能部门的既得利益有所损害,而部分职能部门为了对自身利益加以维护,故步自封,阻碍"体教结合"进一步推进,使得"体教结合"始终处于"体"和"教"两层皮的尴尬境地之中。

我国竞技体育后备人才流失情况严重,其根源一方面在于"举国体制",另一方面则在于"应试教育"。我国竞技体育后备人才的主要来源曾经是普通中小学和省市县的各个青少年业余体育学校。然而,当前普通中小学在高考应试体制的影响下,片面地追求升学率,而忽视了在学校内开展体育活动,忽视了学生的体育运动。尽管长期以来,通过对学校中体育传统项目活动的建立与推行,基层学校在体育传统项目后备人才的训练方面得到了一定的发展,然而由于受到以"高考"为代表的应试教育的干扰,学校逐渐减少甚至停止了各种重点体育传统项目的竞赛活动,严重影响这些项目的训练,导致训练水平出现下滑,同时,部分体育项目对训练条件有着较高要求,这些都使当前我国中小学校为竞技体育提供可靠人才来源难以保障。

基于上述竞技体育后备人才培养形势,我国在培养竞技体育后备人才上,被迫形成了以各级体育运动学校为单一后备人才来源的情况。而各级体育运动学校又纷纷往体育系统内部输送有生力量,并且为了出成绩只抓"体"而忽略了"教",形成恶性循环。

从"体教结合"之路三十多年的历程看来,虽成果丰硕,但也困难重重。困难的首要来源便在于制度,不仅高校招收高水平运动员名额受限,就连招收资格也有着很大的限制存在。

在我国竞技体育管理体制内,为了实现对竞技体育后备人才的锻炼,形成了较为完整的参赛体系,如城运会、省运会等以行政区域为参赛单位的比赛和全国锦标赛、亚洲锦标赛、世界锦标赛等国内外各个单项比赛。然而,国家体育总局明确规定了运动员的参赛资格,即需要在省市专业队进行注册。因此,学校运动员无法以学校名义在竞赛管理部门进行注册,也无法单独参与全运会等国内重要赛事。

可以看到,这种竞赛制度实际上具有很强的排他性,也会阻碍高校运动员提升竞技水平。相较于体育系统,学校的高水平运动队很少举办比赛,除了全国中学生、大学生运动会和教育系统各级单项体育协会组织的比赛外,其他比赛可谓寥寥无几。而仅有的这些比赛举办时间也相隔很长,有的一年一次、两年一次,有的则四年才举办一次。不仅比赛数量过少,比赛质量也有所欠缺,这就导致学生难以通过竞赛检验自己的技术、战术和心理素质,难以锻炼提升自身的能力,最终使得他们的成绩总是徘徊在低水平,无法向更高领域迈进。

针对专业运动员的竞技水平高超这一问题,教育部门的竞赛体系下,同样限制着专业运动员的参赛资格。例如,规模最高的全国大学生运动会,除个别项目设置分组竞赛专业运动员可以参加之外,严格限制在省市专业队注册过的运动员参加比赛。如江苏省第十八届运动会的竞赛章程之中的参赛资格就明确规定:凡按高水平运动员政策录取的学生(体工队专业运动员大学生参加过各类职业比赛者,自 2013 年起按高水平运动员招生政策,入学年龄超过 20 周岁者,不得报名参赛)以及体育院(系)中体育类专业(以新生录取为准)的参赛运动员,只能报名参加高水平组比赛。虽是为了比赛的公平性而考虑,但也大大限制了"体教结合"的良性发展。高校从自身利益点出发必然是遵从各种竞赛所指定的可参赛资格招生,不愿意接收无法参加比赛的专业运动员。因"三级训练网"出路不畅,退役运动员无法安置而应运而生的"体教结合"模式,反过来对专业运动员渐渐关上了大门。

除制度之难以外高校自身的教育问题也使得"体教结合"之路困难重重,试办学校都制定了相应的《高水平运动员管理办法》。但无论是跟班就读还是单独开班学习都有一定问题存在。对于运动员来说,假使跟班就读,那么很可能会出现训练时间、比赛时间和上课时间相冲突的情况,此时,他们通常会放弃上课,转而投入训练与比赛,而在这种情况下,学校往往不会为他们提供补课机会。与普通学生相比,运动员的文化基础本就薄弱,加之时不时出现的缺课问题,学习进度自然落后,导致上课越来越听不懂,学习越来越吃力。而即便为运动员单独开班,也会面临这样的情况:同一个班上有着很多不同项目的运动员,他们的训练时间、比赛时间各有不同,无法统筹协调,依旧不能解决学训矛盾。

除以上原因之外,教练员也是非常重要的影响因素。通过对体育系统进行分析,我们可以看到,教练员职称被分为三个等级,由低到高分别为助理教练、教练和高级教练。教练对运动员的培养属于他们的"绩效",而其晋升正是以"绩效"作为考核、衡量标准。教育系统中,教师被分为四个层次,由低到高分别为助教、讲师、副教授、教授。教师的晋升和教练不同,其考核和衡量标准为教学业绩与科研成果。人事管理制度方面的不兼容不仅对高水平教练员向学校的流动产生阻碍，也严重挫伤了高校教练员带队训练的积极性。

体育部门的不尽力配合，教育系统自身的缺失，再加上客观条件上的运动队经费不足、训练场地短缺等等问题，都成为"体教结合"途中强大的"拦路虎"。"体教结合"无法按照原先设想实现资源共享、职责共担、人才共育、特色共建，体教两部门共建队伍的目标难以实现也就不足为奇。

（二）学校体育"健康第一"理念的认识不足

"健康第一"已经成为我国学校体育治理的理论核心和指导思想，并且已经扎根于学校体育各个领域。我国各个体育健康课程标准中所涉及的体育教学、体育训练、体育竞赛等都将"健康第一"作为理论基点，同时笔者梳理关于学校体育的指导性政策文件发现，"健康第一"已经成为新时代我国学校体育治理的宏观反映。1999年国务院颁布的《关于深化教育改革全面推进素质教育的决定》中提出"健康第一"理念至今已实施二十余年，"健康第一"理念非但没有过时，反而被持续加强，其中重要一点在于学校体育没有实施好"健康第一"，"健康第一"也没有对学生身体素质的改善起到预期的作用。深化体教融合背景下，学校体育治理对"健康第一"思想的认识依然不足。

第一，对"健康第一"的误读。从目前政策文件可以发现，"健康第一"基本等同于"体质第一"，指引性文件大都对学生体质健康进行了重点阐述，部分文件也涉及心理、情感等，但缺乏具体措施。

第二，在学校教育领域除了学校体育，没有其他学科提出"健康第一"的理念。在具体实践中，社会各界也把学校体育与学生健康直接关联起来，将青少年健康重任全部交给学校体育。有些学校为了学生安全取消了所有对抗性项目、长跑类项目，学生只能做游戏、练习走步、慢跑，课间活动多是组织学生做操，甚至下楼梯都有老师专门负责学生安全。

第三，学校体育对"健康第一"的过度关注与竞技体育对"健康第一"的淡漠。学校体育与竞技体育分属于两个不同部门，学校体育的指导思想是"健康第一"，体育部门主要以"竞赛成绩"为目标，竞技体育类文件难觅"健康第一"的踪影，"健康第一"在竞技体育领域基本被忽视。体教融合强调青少年学生的身心健康发展，青少年竞技体育也将纳入学校体育范畴，如何树立并深刻认识"健康第一"将成为制约青少年竞技体育发展的重要因素。

（三）学校体育治理主体的多元化缺失

学校体育治理是一个多元化、多主体的实施过程。从域外经验来看，日本从1998年提出学校体育要与家庭、社会联系在一起，共同构建青少年体育教育网络；美国为了鼓励青少年参与体育，将家庭与社会纳入政策中，并形成支持系统；澳大利亚提出对学校体育交互体系进行构建，融政府、学校、家庭、社区为一体。我国也提出要对社会、家庭和社区的积极性进行调动，保障学生每天1小时的锻炼时间。但是，针对调动积极性的具体举措，并没有给出明确的指示。政策的颁布并没有调动其他主体参与学校体育的积极性，学校体育依然处于治理"孤岛"状态，随着深化体教融合的提出，需要对其进行剖析。

第一，政府部门主管下的教育部门分管学校体育，但是学校体育不是学校教育的重点，应试教育的推动使得"上有政策下有对策"的现状成为教育部门治理学校体育的集体隐喻，同时，一系列学校体育政策在学校教育领域形成政策洼地。2020年高考结束之后，南京一中家长围堵校门，要求校长辞职，最主要的原因是作为教育名校和体育名校的南京一中高考成绩不理想，校长提倡"素质教育"，引起家长不满，在一定程度上反映出文化教育依然是学校教育的绝对主体。

第二，体育部门重心偏移，地方体育局很少关注学校体育具体事务，只是配合教育局做好"项目"工作。体育局主要负责社区中青年、中老年等群体的体育参与问题，体育局认为青少年体育参与是教育部门的工作。上海市青少年参与体育活动中，学校体育和社会体育分属两支，学校区域属于教育部门，社会领域属于体育部门，可见学校体育与社会基本呈割裂状态。

第三，学校体育与家庭关联度不够。家庭是青少年体育学习的第一场域，父母的运动习惯、体育意识和对体育锻炼的支持程度直接影响青少年的体育参与。

（四）学校体育治理目标的可操作性不足

学校体育的发展目标需从体育课程建设、锻炼时间、竞赛体系、管理体系、学生心理健康等层面建立体系完善、制度健全的中国特色学校体育发展新格局。如今，我国政府和相关学者再次强调完善青少年竞赛目标体系，并强调文化学习与体育锻炼要协调发展的目标。深化体教融合不仅在学校体育治理目标上提出新要求，也对竞技体育人才培养目标产生重要影响，当下应该将两者融为一体，打造新型学校体育工作目标体系。目前，学校体育治理目标存在可操作性差的问题，主要包括以下方面。

第一，学校体育治理无法实现体育教学、课余体育训练、体育社团和竞赛目标的协同发展。中华人民共和国成立70年来学校体育的发展历程反映出：在体育教学中，学生无法很好地掌握运动技能，课程设置缺乏科学性和时效性；学校体育社团以及竞赛体系不完备，科学训练不能有效实施；学校体育立德树人功能被搁置；等等。

第二，因为学校体育与竞技体育的隔离，导致新型竞技体育人才培养目标体系难以形成。体教融合要求青少年运动员的培养纳入学校体育治理体系，运动员首先是学生，然后是运动员，要做到文化学习与运动训练双重目标的协调发展。体育局需要将青少年运动员培养的大部分工作交接给教育部门，同时教育部门要通过给予编制或者购买服务的方式吸纳退役运动员、专业教练，涉及体制问题和资金问题，没有政府部门的顶层设计都将难以实施。

第三，学校体育发展目标难以得到社会和家长的配合，最为直接的原因是无法通过"体育"获取更为便捷的升学渠道。目前，体育进入中考在部分省份已经实施，云南省教育厅要求体育与英语、数学、语文占有同等重要的地位，但后续实施效果还有待考察。学校体育治理想要真正得到社会和家长的配合，必须体现出它的"实用"价值。

（五）学校体育资源的有效供给不足

供给侧结构性改革强调供需平衡，尤其是扩大有效供给，目前我国体育领域存在严重的有效供给不足现象，体现在以下四个方面。

第一，体育场地资源不足。当前，我国人均使用场地面积与还存在一定差距，同时，学校体育内部场地资源与体育部门场地资源无法做到共享使用。

第二，体育师资有效供给不足。当前我国体育师资队伍面临严重缺额的情况。体育教师基数不足，专业体育教师（教练）更为短缺。在美国，体育教师（teacher）和教练（coach）有本质区别，且职责分工明确，教练负责运动员训练、运动队的组建和比赛。在我国，体育教师多为兼职教练，如教育部2020年要完成5万名足球教师的培养，但绝大多数为兼职教师，曾参加或执教职业足球训练与比赛的比例不高，很多体育教师不会踢足球，更不了解青少年参与足球运动的心理、生理特点和足球的运动规律。

第三，我国青少年体育竞赛体系不够完备。目前，我国教育系统和体育系统的竞赛体系处于分离状态，运动员注册、选拔、参赛、定级均由体育系统负责，教育部门举办的比赛体育部门参与度较低，体育部门的竞赛体制教育系统无法涉足，对于职业运动员培养极其重要的U系列赛事也完全由体育部门负责。

第四，体育与教育部门的分离直接导致我国校园运动会赛事水平不高，U 系列赛事无论在数量和质量上都与国外青训体系存在差距。国内俱乐部在青训上投入普遍不足，中超仅 9% 俱乐部青训年投入量超过 1000 万元，69% 达不到准入标准（400 万元）。如果体育部门与教育部门合力承担 U 系列赛事以及合力进行运动员培养，那么运动员注册以及赛事承办的质量和经费来源应该能呈现出较好的状态。

（六）学校体育有效治理存在体制性障碍

体制性障碍，是管理学领域带有普适性作用的概念，是决定体教融合能否顺利进行的根本性因素之一，因为体育部门和教育部门分属于两个不同行政体制，且各自运行目标和运行机制存在巨大差异。

第一，体育系统与教育系统的功利取向导致运动员学训矛盾。目前，我国依托教育系统和体育系统进行竞技体育运动员的培养模式主要包括"体教结合"培养模式、"小学—中学—大学"培养模式、"竞技体校"培养模式、"业余体校—体校—专业运动队"与"国家项目中心—院校后备人才训练基地—单项后备人才训练基地"两元共生培养模式。从 1987 年国家推出高校可举办运动队以来，能够招收运动队的高校从 53 所增加至 2020 年的 283 所。当前，高校运动员招生存在严重的功利主义倾向，优先招收退役运动员和在职职业运动员，他们不在学校学习，只代表学校参加比赛，最终折合成学分，给予相应文凭。这是当前我国无法解决运动员文化学习水平不高和学训矛盾问题的根源之一。

第二，在参赛制度方面，普通高校培养的运动员很难获得参赛机会。首先，比较重要的体育竞赛，如省运会、全国运动会、奥运会，甚至国内外各单项赛事，以及各种国际、国内锦标赛的参赛资格均由体育部门负责，而且必须是在省级专业队注册的运动员才可参加，学校运动员无法代表学校，更无法代表行政区。同时，体育系统掌握大量赛事信息，却未主动与教育部门分享。其次，因为学校高水平赛事的缺乏，导致学生运动员参赛机会很少，加之训练水平不够，进而导致学生运动员竞技水平不高，造成恶性循环。

第三，因为体制性障碍的存在导致体育资源互助、共享很难实现。学校教育系统在运动员文化教育、人文素养方面有突出优势，体育系统在运动员训练、场地、经费、科研等方面占据主动，如何实现两者资源共享值得深思。站在体制角度分析，在新时期，无论是运动员竞赛还是运动员的培养，都应当回归到国民教育体制中来，稳步形成"双轨合力、体大于教、教快于体"，快速形成青少年运动员培养回归国民教育体系的"新举国体制"态势。

目前由于体制性障碍的存在，体育系统融入国民教育体系还需更为周全的顶层设计。

第三节　高校"体教融合"的时代价值

一、保障运动员受教育权利，培养全面发展的运动员

在"体教分离"的大环境下，专业运动员的学习与生活往往会和教育系统相脱节。由于缺乏良好的学习环境，学生很难在文化学习上投入更多的精力，同时，竞技体育队伍往往对思想道德素养教育不够重视，加之某些"急功近利"思想造成的干扰、"金牌主义"带来的影响，导致大部分运动员出现了片面发展的问题，他们的受教育权就在无形中被剥夺了。身处纯运动员群体的学生不仅没有办法获得完整且系统的文化教育，还容易被其他因素影响，形成只看重运动成绩、忽视自身文化修养和知识水平的思维观念，养成自高自大的性格，这也使得社会仍然对运动员抱有"头脑简单、四肢发达"的偏见，且这种偏见长期存在，难以得到扭转。而当运动员退役后，其自身发展与现代社会的发展需要很难适应，因为缺乏相应的生存能力，在工作生活方面都会遭遇很多问题，面临很大的挑战。

《中华人民共和国义务教育法》，第四条规定：凡具有中华人民共和国国籍的适龄儿童、少年，不分性别、民族、种族、家庭财产状况、宗教信仰等，依法享有平等接受义务教育的权利，并履行接受义务教育的义务。《中华人民共和国教育法》，第九条规定：中华人民共和国公民有受教育的权利和义务，公民不分民族、种族、性别、职业、财产状况、宗教信仰等，依法享有平等的受教育机会。"

我们可以清楚看到，上述法律条文中对我国公民享有接受教育的权利和应履行受教育的义务进行了明确规定。但是如前所述，在"体教分离"的大环境下，专业运动员无论是学习还是生活，都和教育系统相脱节。对此，原国家教委专门提出了新的方针政策，即"体教结合"。但是随着时间推移，即便是过去了三十多年，上述问题依旧没有得到很好的解决。在体制障碍的影响下，体育和教育始终没能紧密相连，没能很好地结合在一起，导致运动员在文化学习方面难以得到保障，更使得"全面发展"空有形式而无法得到落实，无法真正扭转"轻文化重竞技"的思想。

"体教融合"所针对的，就是运动员无法实现全面发展的问题，真正保障运动员受教育的权利，保障运动员能够更好地学习与成长，使其成为高素质优质人才，实现文化、体育全面发展，能够独自迎接社会竞争、承担自身责任，拥有更好发展空间。

二、吸纳有潜质的青少年成为体育后备人才

在"体教分离"影响下形成的专业队建制，无论是对我国竞技体育后备人才队伍的建设还是队伍规模的扩大，都产生了严重限制，造成后备人才资源短缺，使我国竞技体育的长远战略目标受到不利影响。虽然推行"体教结合"能够对这种状况进行一定程度上的改善，但是一日不解决其根本性的体制问题，以上问题就一日不能彻底解决。而"体教融合"在体育人才的培养上，从制度层面加以完善，不只注重竞技体育专业队伍的建设，更重要的是将那些具有潜质的青少年吸引过来并加以培养，让他们投入业余训练之中，成为我国竞技体育的后备人才，从而促进学校体育可持续发展。

在"体教融合"的体制下，对竞技体育后备人才的发现、培养的重任落到了学校肩上。后备人才在校期间，学校既要对其科学文化素质加以培养，又要注重其业余训练，将两方面的教育相融合，在九年义务教育阶段尤为关键。从我国的人口现状可知，我国人口众多，人力资源充裕，正处于义务教育阶段的青少年更是队伍庞大。"体教融合"可以极大地发挥我国人口优势，挖掘青少年这一重要群体的巨大潜力；可以为挖掘新生体育人才提供助力，使我国竞技体育后备人才队伍得到进一步扩充，并且能够加强我国青少年儿童的体育锻炼，提高国民身体素质。

三、加快体育强国的建设脚步

在现代化的进程中，人们越来越重视体育的地位和作用，体育是社会文明程度和综合国力的关键体现，同时也是社会发展和人类文明进步的标志。现阶段提高国民身体素质尤为重要，提高国民身体素质需要坚持以提高全民身体素质、增强人民体质为目标，把满足人民健身需求、促进人的全面发展作为体育工作的出发点和落脚点，使体育在我国经济社会建设中发挥巨大作用。我国由体育大国转变为体育强国的基石是发展群众体育事业，这就需要继续提高体育运动水平、继续发展群众体育事业、继续推动体育创新改革、继续促进体育竞技的发展。

《奥林匹克宪章》对群众体育与竞技体育的联系进行了界定，群众体育是竞技体育基础的组成部分，同时竞技体育可以促进群众体育的发展。竞技体育发展的基石是学校体育，因为群众体育作为竞技体育的基础组成部分，基础稳固才能使尖端锐利，而学校体育是群众体育的重要组成部分。

由世界上体育强国的发展历程不难发现，竞技体育与群众体育有着密切联系。就拿同为亚洲国家的日本和韩国为例，1964年第18届东京奥运会上，主办国日本在田径、游泳等耐力运动的竞技上表现不佳，运动员体力、体质不及欧美选手为主要原因。由此他们深刻体会到国民身体素质的重大意义，积极采取应对改善举措。日本在1964年和1972年发布的《关于增进国民健康和体力对策》和《关于普及振兴体育的基本策略》都是政府为了提升国民身体素质、健康水平以及推广群众体育而颁布的政策。在此之后，日本的国民素质有了巨大的提升，日本民间的体育少年团在全国兴办了起来，为竞技体育提供了优秀的人才。在2004年第28届雅典奥运会上，日本的金牌总数排名第五。

韩国在1988年第24届汉城奥运会后，韩国采取了分阶段进行的大众体育振兴计划，政府首先于1990年3月颁布了3年计划，三年后又再次颁布了5年计划。韩国不仅仅注重竞技体育，还强调提高大众体育的地位，目的就是普及体育运动，增强高国民体质，提高国民健康水平，保持国家的可持续发展。

"体教融合"是促进学校竞技体育发展的关键，同时也有利于促进群众体育事业的繁荣，"体教融合"对加快体育强国的建设脚步有重要作用。

四、促进竞技人才培养融入国民教育体系

我国的体育与教育在发展过程中经历了三个发展阶段，分别为"体教配合""体教结合"与"体教融合"。其中"体教配合"的宗旨和目标是增强人民体质，此时没有把获得奖牌作为首要目标，这个时期是我国群众体育、学校体育发展的"黄金时期"。"体教结合"阶段我国开始重视竞技奖牌价值，在促进了我国举国体制的金牌战略形成的同时，也埋下了隐患。一是过于重视学校学生的文化学习的同时忽视学生身体素质的增强，二是忽视运动员的文化学习，这两方面的原因造成了我国虽然是个"金牌大国"，但是青少年身体素质普遍下降的形势。同时我国的体育人才结构也发生了变化，我国在"体教结合"阶段的集体项目成绩普遍不如个人项目，而学校也出现了学生由于身体素质不佳导致的不能全面发展的问题。在现代化的今天，"体教融合"就是将"体教配合"与"体教结合"结合

起来，这不是 1+1=2 这样简单地相加，而是促进竞技人才培养融入国民教育体系，这就需要完善竞技人才培养模式和深化体育价值的认识。作为国民教育体系培养全面发展人才的附属品，竞技体育人才是在群众体育事业和高校体育人才的基础上筛选出的脱颖而出的"生力军"。

五、促使学校体育实现有效治理

（一）促使学校体育实现新目标

习近平总书记在 2018 年 9 月的全国教育大会上的讲话中，对"怎样培养人"强调要从六个方面下功夫，其中"在增强综合素质上下功夫"[①]包括体育、美育和劳动教育等方面的内容。这意味着体育、美育和劳动教育的价值被全社会重视了起来。新时代学校体育的目标是什么？习近平总书记指出，"要树立健康第一的教育理念，开齐开足体育课，帮助学生在体育锻炼中享受乐趣、增强体质、健全人格、锤炼意志。[②]"上文提到学校体育是群众教育的基础，因此群众体育的特点也体现在学校体育方面。俗话说，兴趣是最好的老师，学生的兴趣会促进他们投身到某一项体育活动中，而让学生持续投入体育运动中需要教师的教学，通过教师的教使学生学到运动技能，以便在学生在体育运动中实现增强身体素质和享受运动乐趣的初始目标。体育对学生的全面发展具有十分重要的作用，通过"体教融合"可培养学生在体育运动中的顽强拼搏的精神，培养学生的集体主义精神和爱国主义精神。要促使学生经常参加体育竞赛，以便学生实现锤炼意志、健全人格的高级目标。参加体育竞赛既有利维持学生的运动习惯、享受运动的乐趣，又可以培养学生的体育精神。所以"体教融合"有利于促使学校体育实现新目标。

（二）体教融合为学校体育的未来发展指明方向

国家历来对青少年健康问题都非常重视，学校体育领域也是国家各种政策的高密集区。据不完全统计，1979—2020 年国家各部委颁布的学校体育政策超过 300 余件，部门涉及教育部、国家体育总局、发改委和财政部，文件内容涉及学校体育工作标准、课程改革、体质测试、运动队建设和体育文化等，其核心主线均围绕学生体质健康问题展开。青少年体质健康的问题并没有在各项政策颁布和

---

① 习近平在全国教育大会上强调坚持中国特色社会主义教育发展道路培养德智体美劳全面发展的社会主义建设者和接班人 [N]. 人民日报,2018-09-11(01).
② 习近平在全国教育大会上强调坚持中国特色社会主义教育发展道路培养德智体美劳全面发展的社会主义建设者和接班人 [N]. 人民日报,2018-09-11(01).

实施下完全解决。在现阶段，我国的青少年的体质健康水平较之前不再下降，但整体形势依然严峻。新时期健康中国战略、全民健身战略实施以来，"群众体育"的受重视程度在不断升高，但是学校教育并没有实质性的发展。学校体育该如何治理俨然成为学校体育发展的重要问题，深化体教融合为今后学校体育治理指明了方向。首先，体教融合突出强调"健康第一"的教育理念，就是将学生的体质健康放在体育教育的重点突出位置，与健康中国战略和全民健身战略的核心观念相辅相成；其次，强调文化学习与体育锻炼的协调发展，突出体育锻炼的重要性，为培养综合素质的人才奠定基调；再次，完善我国青少年赛事体系，提倡将运动员选材与培养逐渐过渡到国民教育体系中，逐步破解竞技体育与学校体育之间的机制障碍，同时完善赛事体系可以极大激发青少年学生的体育热情，形成积极向上的体育文化氛围；最后，让体育课真正成为学生的"体育课"，充分发挥体育的教育功能、社会功能，不仅让学生可以体验到体育的乐趣，更能掌握运动技能、培养团队意识和不屈不挠的竞争精神。

（三）体教融合为学校体育实现协同治理提供机遇

"协同治理"（Collaborative Governance）作为一种新的公共治理模式，重点强调不同层次、不同部门之间的互动、协作、共赢。学校体育不应该是独立的治理"孤岛"，而是一个需要多元主体协同共治的综合体。首先，家庭、学校、社区是青少年体育意识觉醒、运动品格培养、运动技能形成与提升、运动习惯延伸的重要场域。所以，促进家庭、学校、社区体育的一体化发展，可以对实现学校体育的有效治理提供积极的帮助。其次，体教融合与体教结合有本质区别，体教融合强调全体青少年的身心健康，体教结合关注竞技体育的发展。体教融合的提出，预示着学校体育治理中教育部门与体育部门的协同，尤其是体育部门要主动、积极地参与到学校体育之中，从制度和机制上逐渐破除阻碍部门融合的体制障碍。最后，体教融合对"健康第一"的秉承，必然要求学校体育治理的跨领域合作。如体育教育与健康教育之间的融合，目前体医融合已成为学术热点，体育与医学之间的跨域合作将越来越频繁。因此，深化体教融合时代的学校体育治理必然表现出不同主体、不同组织、不同领域、不同学科之间的协同性。

（四）体教融合为强化青少年运动参与提供政策支撑

我国关于青少年运动参与的一系列国家政策的发布，对确保青少年体育参与提供了强大的政策支持。但是，具体实践与政策大相径庭，针对这种现象国内学者普遍认为主要是受应试教育影响、体育文化氛围缺失、学校体育政策执行乏力等因素的制约。深化体教融合的提出，无疑给青少年体育参与乏力注射了强心针。首先，体教融合从政策层面打通优秀运动人才受教育和升学的渠道，同时将"举国体制"下由体育部门垄断的运动员选材、培养、训练等回归学校体育，从小学、初中、高中阶段便可凭借运动优势获取优质教育资源。其次，体教融合将为青少年运动参与提供优质的参与环境，除场地资源环境外，具有强大持久力的是体育参与的人文环境。再次，体教融合对青少年体育参与的关注，推动学校体育联盟的成立以及各级体育赛事的完备，形成多极化、多层次的赛事体系。最后，体教融合可以触发校外和校内主体的协同发力，强化校内体育参与，增加校外竞赛机会，体育行政部门与教育部门在完善国家U系列赛事的基础上，加大体育特色学校建设，甚至将青少年运动队建立在中小学，并与高中、大学形成上下衔接的人才输送体系。因此，深化体教融合所提倡的一系列政策导向，必然会提升青少年的体育参与度。

（五）体教融合为我国竞技体育人才培养凝神聚力

我国计划经济向市场经济转轨过程中，"金牌至上"和"举国体制"下的运动员培养模式导致很多退役运动员无法适应社会，这一现象极大地打击了社会对竞技运动甚至体育的认知，运动员选材、培养以及学校体育一度陷入低谷。体教结合为解决运动员学训矛盾、文化素养低的问题，一度倡导高校与体育部门联合培养，但是碍于体制、机制问题，体教结合并没有从本质上改变运动员培养的问题。深化体教融合的提出，可为我国竞技体育人才的培养提供新的思路。首先，体教融合倡导将青少年运动员回归学校，优质运动人才的回归必将充实我国体育人才库，增加各项目青少年体育人才的注册数量。其次，竞技体育人才文化素养低和学训矛盾有望得到解决。借鉴美国全国大学体育协会（NCAA）的经验，协会对运动员学业成绩有严格要求，学业成绩不合格不能参加比赛。最后，校园优秀运动员可获得更多参赛机会和经验。虽然我国青少年竞赛体系并不完备，但是体教融合的提出必然为赛事体系提供强大的资源支撑，也可为我国原有赛事提供运动员储备。由此可见，体教融合对青少年运动员文化素养、科学选材、人员储备、专业训练和竞赛参与都有积极作用。

第四章　高校"体教融合"的途径

本章对高校"体教融合"的途径进行了分析，主要从体教融合背景下高校体育教学的改进、体教融合背景下高校体育人才培养策略这两个方面出发，探讨高校"体教融合"最佳途径。

第一节　体教融合背景下高校体育教学的改进

一、美国"体教融合"模式

虽然美国并没有"体教融合"这一种说法，但是美国学校的体育教育体制与本书所说的"体教融合"一致。美国在体育方面的成绩一直以来都很出色，尤其是在奥运会等竞技体育项目上。美国的竞技体育已经融入教育，美国竞技体育体制最明显的特征之一就是全国的竞技体育机制以学校为中心，竞技体育在美国教育中非常重要。美国学校从学生的中学生时期就开始了对运动员的培养，这是培养优秀运动员的初级阶段。中学生通过多种多样的方式开始进行运动和训练，这是美国的学校体育和群众体育的基础稳固的原因。美国的大学是对竞技人才培养的高级阶段，大学优秀的教练和完善的体育设施有利于竞技人才的训练，是美国大学生取得竞技成绩的根本所在。所以即使美国有"体教融合"的说法，也可以认为美国是"体教融合"培养竞技体育后备人才的模式。

（一）美国"体教融合"模式的竞技体育成绩

得益于美国的"体教融合"模式，美国的大学生在历届奥运会上获得了相当可观的奖牌。例如：美国的南加州大学在东京奥运会上获得了 11 金 5 银 5 铜的成绩，在历届奥运会上，南加州大学共获得 144 块金牌；斯坦福大学在 1912 年的斯德哥尔摩奥运会上就有学生获得奖牌,在历届奥运会上斯坦福大学也获得了100多枚金牌。美国的大学生运动员在奥运会上取得了优异的成绩,如来自休斯敦大学的田径运动员卡尔·刘易斯和来自北卡罗来纳大学的篮球运动员迈克尔·乔丹,刘易斯在奥运会上拿到了9块金牌,包括跳远、100米和4×100米接力赛三个项目,乔丹在1984年洛杉矶奥运会和1992年巴塞罗那奥运会上随队以全胜战绩夺得金牌。

在2020年东京奥运会上,有1000多名运动员来自全国大学体育协会——NCAA（包括在校生和毕业生）,他们代表包括美国在内的100多个国家征战。在东京奥运会,美国奥运代表队有613人,其中超过半数运动员来自大学,其中南加州大学有65人参加东京奥运会,斯坦福大学有56人,密歇根大学有29人,在2008年北京奥运会上大放异彩的迈克尔·菲尔普斯就是密歇根大学的校友。不仅仅是运动员,一些奥运会的教练员也是美国大学的教练,举个例子,刚刚退休的著名的杜克大学的篮球主教练"老K",曾代林美国代表队获得2008年北京奥运会、2012年伦敦奥运会和2016年里约热内卢奥运会男篮金牌。

美国的高校也为职业赛场提供了许多的职业的运动员。举个例子,篮球运动发源于美国,美国的篮球水平高不仅体现在运动员球技高超,也体现在其具备完善的市场化运作机制——美国职业篮球联赛（简称NBA）,它的壮大不仅仅由于美国是篮球发源地,也是因为它有着优良的人才储备库——NCAA。NBA中的球员大多数来自NCAA,其余来自美国高中或者其他国家,NCAA的大学生每年通过选秀向NBA输送数量可观的球员。

美国具有良好的体育人才培养机制,这是美国竞技体育可以冠绝全球的基础,是美国体育健康发展的前提。其中中小学体育教育是基础,大学体育教育提供优良的人才,职业选手则从大学体育中选拔,可以将其看作一个金字塔,塔顶是职业选手,塔身是大学体育,塔基是中小学体育。作为体坛霸主的美国,其体育强国的形象充分证明了"体教融合"模式培养体育人才路径的正确性。

（二）美国"体教融合"模式的经验规律

1. 学校要具有"体育融合于教育"的理念

在美国的各阶段教育中,竞技体育都是教育所重点发展的内容,在美国的高等教育、中等教育和初等教育中,都在培养人才方面把参与竞技运动当作一种重要的方式。

美国的高中是美国的大学体育和职业体育的后备人才库。美国的高中之间以教育为基础的体育活动是由国家州立高中协会联盟（The National Federation of State High School Associations，简称 NFHS）来组织的，NFHS 通过组织各种体育竞技比赛来发展学生的素质。有的职业运动员直接来自高中，如科比和詹姆斯，其他大多数高中生都会在大学继续接受教育并进行体育竞技，作为美国竞技体育重要的组成部分之一的中学教育，通过 NFHS 比赛来强化学生的身体素质，为他们提供竞技体育服务。

美国的高中生通过 NFHS 来参加各项体育竞技活动，NFHS 为他们提供了公平的竞争机会，并且在竞争中高中生可以发挥自己的优良体育素质。推动完美的中等教育理念是 NFHS 的宗旨。在 NFHS 组织的各项比赛中，可以锻炼学生的身体素质，为学生塑造一种教育和体育融合的氛围。高中生参与竞技体育活动的优点不仅体现在身体方面，也体现在心理素质和人格培养方面。首先，高中生通过参与竞技体育活动认识自己的价值所在，增强了团队精神和体育精神。其次，可以培养高中生在群体活动中独立思考的能力和自尊自律、将他人的利益放在首位的品格。同时，在竞技体育活动中，高中生可以培养竞争意识。最后，学生可以通过竞技体育活动获得校际的竞技体育经验，增强社会责任感，发展优良品质。

美国大学生在世界性竞技体育比赛中取得的成绩有目共睹，这得益于美国大学竞技体育的管理机构全国大学体育协会（The National Collegiate Athletic Association，简称 NCAA）对体育竞技人才的培养和甄选。NCAA 具有悠久的历史，自 1906 年成立以来，已有一千二百多所美国和加拿大的高校参与其中。NCAA 的比赛项目分为球类项目和非球类项目，球类项目中的篮球、冰球、棒球和橄榄球是最受欢迎的项目，非球类项目包括传统的田径、体操等项目。NCAA 是美国最大的体育管理机构，属于非官方的、自发的社会组织，NCAA 经过一百多年的发展，已经成为一个对大学生体育竞技事务管理的非营利性实体。

NCAA 的加入限制是，学校至少拥有男女各四项运动校队，而且校队中的学生成绩有最低限制，平均学业成绩不合格的学生禁止比赛，可见 NCAA 的宗旨始终没有发生变化，为了学生的教育和体育发展而努力，这也是美国"体教融合"的体现。美国的 NCAA 从本质上从属于教育体系，其为在教育体系中加入校际竞技体育，促进大学生竞技体育的发展起到了重大作用。可以看出，不论是美国的中等教育还是高等教育，教育与体育始终密不可分，"体教融合"是发展体育竞技人才的重要手段。

2. 竞技体育社会化管理是"体教融合"的体制保障

美国的体育管理体制是美国体育健康发展的必要条件。美国的政府不制定专项的体育政策，也没有管理体育的专门机构，而且在经济上也不经常向体育拨款。"总统（下属）身体健康与运动委员会"自成立以来，一直提倡人们用健康的方式来生活，但是这个组织只是一个咨询机构，并没有对美国的体育进行管理。对美国体育进行管理的组织有很多，它们大都是社会组织。例如，在竞技体育方面管理中学体育、大学体育和职业运动队的NFHS、NCAA和职业体育运动联盟，然后是单项体育协会和美国奥委会的体育管理机构。（图4-1-1）其中业余体育包括NFHS和NCAA，它们是美国竞技人才的摇篮。

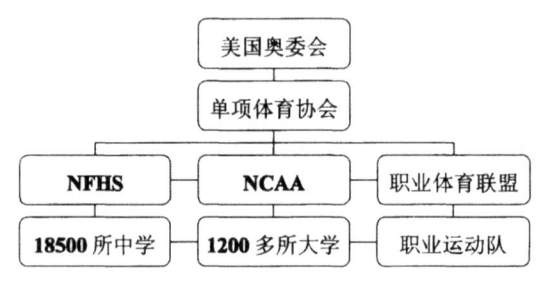

图4-1-1 美国竞技体育管理体系构成图

由此可以看出，美国的竞技体育人才大都来自这个国家的中级教育和高等教育之中，这得益于美国独特的体育管理机制，这是美国竞技体育发展的先决条件。

3. 完备的教育体制、丰富的教育资源是"体教融合"的前提条件

美国政府对教育极为重视，对教育投入了大量的人力、物力、财力，取得了十分卓越的成效。美国注重全民教育，重视人民从幼儿到成年的教育，认为教育影响人的一生和家庭的未来。因此，美国教育体制的最大特色就是调动多方面教育的力量，即实行"全民、全面、全程"教育。不仅是美国政府，美国民间的社会组织和团体也在教育上作出了巨大的贡献，包括美国的教会、慈善家协会、基金会和企业等。这些社会组织和团体对教育的影响力巨大，甚至在某些时期超越了政府，他们有着强大的财富实力和控制舆论能力，前者可以推进教育的现代化，传播教育技术和理念，后者可以向政府提出政策建议和教育宗旨。

在美国，6~16岁的适龄儿童必须进入学校学习。美国的教育制度也为适龄儿童的学习提供了保障，教育制度可分为四个阶段，分别是1~6年级（6~12岁）的学前教育（preschool education），7~8年级（13~14岁）的初等教育（elementary education），9~12年级（15~18岁）的中等教育（secondary education）和18岁以后的高等教育（higher education）。美国的大学前教育（pre-college）包含学前教育、初等教育和中等教育，而美国的大部分地区都实行12年义务教育，这也就使美

国学生大学前的教育基本都能实现。美国的大学有 3000 多所，这也是美国实现高等教育大众化的基础。与此同时，美国的各个州政府也会根据各州不同的情况实施不同方式的教育。

根据分析可以得出，美国的教育基本上已经覆盖了青少年和幼儿，这也使体育竞技人才在美国的教育系统中可以发挥出体育水准，更好地实现"体教融合"。

4. 竞赛市场化运作为"体教融合"提供了的经济保障

前文说过，美国的政府基本不向学校体育拨款，这是由于美国的学校竞技体育在社会的支持和资本的帮助下实现了自给自足，有能力养活自己，也就不需要获得政府的财政补贴。美国的学校竞技体育商业化的进程已经十分成熟，体育与商业互相依存，如美国的 NFHS 和 NCAA 都被社会上的企业所看重，获得了数目可观的赞助，美国的高校和中学也获得了较多的资金，这些赞助使学校竞技体育可以健康、持续地发展。

美国的高校对学生进行学习资助，其中就包括体育方面的资助。美国大学的经费相当充足，具有完善的资金管理系统，举个例子，NCAA 的财政收入主要用于学校竞技体育比赛的组织，其余资金主要在各个学校之间分配，用于奖学金的发放，NCAA 设立了针对体育竞技运动员的运动员奖学金，以此来激励学生在体育竞技方面的发展，有效地促进了运动员刻苦训练和努力学习。

5. 严格要求学生运动员是"体教融合"的管理基础

要求学生运动员不仅在学习方面取得优异成绩，而且在竞技体育运动中取得优秀名次是相当具有难度的。由于人的精力是有限的，所以学生运动员的管理者要在管理学生时平衡学生的学习和训练，使学生在保证学习的前提下进行竞技体育训练。综合来看，在严格要求学生运动员上可以分为以下四个方面。

（1）明确学生运动员的身份

"学生运动员"首先是一个"学生"，然后才是"运动员"，即学生运动员仍然要把学习放在第一位，运动员的训练是要让位于学习的。明确学生运动员的身份，保证了学生在学习方面和体育竞技方面都能得到发展，不能对学生运动员区别对待。美国的各个学校形成了统一的认识：保证学生运动员学业的顺利完成，保证学生运动员身体和心理的健康发展，为学生运动员提供健康的生活环境，保证学生运动员与学校工作人员良好的关系，保证学生运动员能够参与生活相关的事务，不能把学生运动员看作获胜的工具。另外，NFHS 如果调查发现学生运动员有以下情形的，将拒绝其参加中学的校际比赛，分别为：以假名字参赛，接受他人金钱参赛，等等。大学对学生运动员的要求比高中更为严格，如大学对选手身份、基础课程、学业测试、学习成绩和违禁药品等的规定。

（2）严格审查大学生运动员的入学申请

首先，学生运动员进入大学必须通过高中的毕业考试。其次，学生运动员的 SAT 考试或 ACT 考试成绩至少达到最低分数线。再次，学生运动员在高中时期必须完成一定量的必修课程。最后，学生运动员必须完成规定数量的核心课程。

（3）大学生入校后运动员与普通运动员的学习要求一致

在美国 NCAA 规定，学生运动员必须修完一定的学分才能够参加比赛，此外，学生运动员的学习成绩不能低于学校的平均成绩，否则也不具有参加比赛的资格。在美国，大学生运动员的毕业要求与一般学生一视同仁，必须达到学位要求的学分才能够顺利毕业，如果学生运动员参加比赛而学分不够，那么就不能取得毕业证书，需要自己解决这些问题，举个例子，1984 年迈克尔·乔丹在大学中途离开参加 NBA 选秀并进入芝加哥公牛队，未能在当时取得毕业证书，在 1986 年他回到大学完成学业才顺利毕业。

（4）保证学生运动员文化学习的时间

美国的中学和高校都对学生运动员的训练时间作了严格的规定，对他们参加的比赛也作了要求。NFHS 为了保护高中的学生与动员，禁止他们参加非 NFHS 组织的比赛。NCAA 对大学生运动员的训练时间作出了严格的规定，大学生运动员的每天参加训练的时间不能多于四小时，一周之内的训练总时间不能多于 20 小时，NCAA 还对大学生运动员参加的竞技体育比赛的项目、数量和时间作出了规定。NFHS 和 NCAA 的这些措施都保障了学生运动员有充足的时间进行学习，使他们能够完成相应的学分并顺利毕业，真正地贯彻了以学为主的方针。

6. 完善的法制体系保证了"体教融合"的健康发展

美国作为发达国家，不直接对竞技体育进行管理，学校和相关组织，如 NFHS 和 NCAA 等制订相关的规定对学生运动员进行管理。这些规定确定了学校、学生运动员、教练等的行为准则。

（1）完善的法规体系

美国的 NFHS 和 NCAA 制定指导原则对各个学校的竞技体育运动进行管理，这两个组织的成员学校不能违反这些指导原则。由指导原则来开展体育活动，实现联合会的宗旨，这是美国体育组织对各个学校的宏观管理。举个例子，NCAA 的政策法规有三个部分，分别为协会的章程、操作法规和行政管理法。协会的章程内包含协会的目标、会员、组织结构等政策和法规，包括第一章到第六章；操作法规主要是协会会员为了达到相应的目标所要遵守的规章制度，包括第十章到第二十三章；行政管理法包括协会的立法行动、纪检计划、评估计划、NCAA 冠军赛和商业活动几方面的政策和程序，包含第三十章到第三十三章。

（2）健全的竞赛法规

美国的学校竞技体育经过长时间的发展，已经有了完善的竞赛法规，这是经过时间检验的。举个例子，美国大学校际竞赛法规包括四个方面的内容，分别为组织结构、管理法、竞赛运作法和管理组织机构，并且设置了多条细则，为了使法规能够更好、更科学地应用到竞技体育比赛中，其中很多细则制定了定量的标准。美国健全的竞赛法规使校际竞赛活动更加规范，可以让学生竞赛的管理制度化，有助于学校竞技体育和教育的发展。

（3）有力的监督机构

监管机构是保障美国竞技体育发展的关键。竞赛的公平需要以有力的竞赛监督为前提。美国学生体育协会是学校体育竞技比赛的主要监管主体，监督学校竞技比赛是美国学生体育协会的主要责任。经过多年的发展，美国学生体育协会已经形成了系统的监管体系。例如，NCAA 的管理结构形成包括立法、执法、司法监督体系，立法包括年度大会及其常委会，执法为违规处罚委员会，司法监督为违规上诉委员会。立法与执法的规定、学生运动员的招收、学习与参赛的规定、会员分类与资格认定的规定、公平竞争遵循原则的规定和违规处罚与争议产生后的申诉等，都是司法监督的内容。美国的制度建设和机构建设共同形成了有力的监督体系。在美国，有一位高校教师给一位学习课时不足的学生学分导致这名教师被开除，由此可见美国监督机构工作的效力。

二、"体教融合"制度设计

从"体教结合"之路的种种困难看来，只有突破原有体制的限制，将竞技体育与教育相融合，才能够实现真正的体育强国梦。

"体教融合"是现代化的高校体育改革的必由之路，尽管其与"体教结合"只有一字之差，却是我国体育人才培养方式的构建与创新。实现"体教融合"也是我国实现体育强国和人才强国的必要途径。

江苏省在"十二五"开局之年，率先提出了把"体教结合"向更高层次的"体教融合"推进的新思路。2012 年上海体教结合开始了新的起步，发布相关政策文件，明确提出以学生体质增强、后备人才培养、运动员文化学习、体教结合运行机制与保障措施等为主要内容，规定了体育、教育部门各自工作任务，并提出从全市战略层面部署和推进体教结合工作。在新一轮的改革中，如何将"体教结合"变成"体教融合"是决定体教结合工作成败的关键。

（一）"举国体制"的转型之路

我国在上一个"体教结合"的体育与教育发展阶段，采用"举国体制"的方式对一些项目进行资源倾斜，目的是提升我国体育水平和国际综合竞争力。"举国体制"是在我国社会主义初级阶段，国家调动相关力量、资源和各方面积极性在某些项目上聚焦发力，以期在国际竞技体育赛事上取得成绩，所采用的一种方式和制度设计。随着当下社会经济的不断发展，"举国体制"下的竞技体育发展的问题也逐渐显露出来，表现在群众体育的发展水平与竞技体育不同步、不协调，与此同时还存在学校体育教育"缺位"和学生身体素质发展不佳等问题，都引起了社会各界的广泛关注。

"举国体制"的僵化从源头阻碍了体育系统与教育系统的深层次融合，这一点在"体教结合"的模式中就已经凸显。而"体教融合"作为"体教结合"的发展与高级形式，所追求的竞技体育融入学校教育之中更是与"举国体制"的政策呈针锋相对之势。

随着我国体育大国地位的确立，国家应改变观念，使得竞技体育与群众体育均衡发展，体育训练与文化教育齐头并进。只有摒弃"金牌至上"的观念，才能使得学训矛盾得以解决。

在市场经济迅速发展的21世纪，"举国体制"的转型之路也应搭上这班快车，向着由政府主导、市场运作、社团参与的"三元治理模式"发展，建立多元化、全民化的竞技体育管理模式。竞技体育应该树立"夺标、融资、育人"相结合的思想理念，"夺标"就是提升竞技水平以获得成绩，"融资"就是提升经济效益，"育人"就是提升我国运动员的竞技水平和各项素质，最终朝向经济效益最大化的职业体育发展。

以政府为"行为执行者"，以市场为"版图"，以社团为"助力推手"，沟通政府与市场的联系，形成多元化的职业体育路径。从政策的源头上加以改革，铺平"体教融合"之路。

想要实现"举国体制"的顺利转型，"体教融合"模式为关键一环，将竞技体育融入学校教育之中，培养出的高水平竞技体育人才同时也是全面发展的人，与西方职业体育所关注的普世性人本思想不谋而合。从欧美竞技体育模式的发展运行机制我们可以看到，"体教融合"还将会为职业体育提供全方位发展的高端体育人才。

职业体育之路与"体教融合"的模式，将打破"举国体制"中运动员过早被剥离教育系统的现象，还原人的本质，在全面发展的基础上，选择兴趣爱好，投身体育事业。

"体教融合"的根基在于竞技体育后备人才，而教育系统的应试制度又造成了人才的流失。这就需要我们革新观念。从中国的国情来看，我国正处于从应试教育向素质教育的转型时期，仍然无法摆脱应试教育选拔人才的道路。

我国自20世纪80年代就开始着手对竞技体育后备人才的培养，在1986年、1990年和2002年，国家分别颁布了《国家体委关于体育体制改革的决定》《学校体育工作条例》和《关于进一步加强和改进新时期体育工作的意见》来促进学校体育的发展和竞技体育后备人才的培养。

但这些依旧是远远不够的，想要将竞技体育后备人才培养也纳入教育体系，就应当在日后的改革中下狠手，废除业余体校和省市县青少年体校的存在，将青少年运动员的培养放置在普通的中小学校园之中，打通"体教融合"上下贯通的人才体制，向着为高校培养输送高水平竞技人才的方向发展。

（二）打破教育壁垒的"综合化"之路

人们已经在社会发展的问题上达成一定的共识：社会发展是全面和可持续的发展，而且社会的发展具有协调性和整体性。社会的可持续发展要求人们建立一种和谐发展的新秩序，与此同时，人们认识问题、解决问题的方法和手段也将发生改变。伴随着社会经济的发展和科学技术的进步，人们需要更多的知识来解决问题，而仅仅靠单一学科是不可行的，需要多学科融合、交叉运用来攻克难题，由此可见学科"综合化"的必要性。

在我国基础教育乃至高等教育之中的体教割裂现象由来已久，体育作为一门"副科"，常常游离于大众视线之外，运动员也被冠以"四肢发达、头脑简单"的粗暴定义。然而事实上，问题却不仅仅在于运动员文化教育的缺失，更加严重的情况却是近三十年来我国青少年的身体素质每况愈下，在目前我国现有的教育体制下，仍然存在着重视学习，忽视体育的现象，这严重制约着学生身体健康的发展和体育水平的提升。国家虽然意识到问题的存在，号召开展"阳光体育"运动，并对青少年体质健康水平进行跟踪测量，但从结果看来收效甚微。

普通学生体质健康堪忧与运动员文化教育缺失的情况同样严重，"体教融合"的目的是将竞技体育培养体系融入教育体系之中，让竞技体育后备人才的培养反向促使教育部门重视体育学科存在的重要性。

所谓"融合"不应仅仅流于表面，停留在体育或者教育的宏观层面上，还应深入其中，进行学科的综合化。体育作为人类教育活动自古以来便有的形式，却在现代的教育事业中被边缘化。体育学科的纵深发展离不开其他学科的支持，为适应社会需求，除体育教育专业外，社会体育、体育管理、运动训练、民族传统体育、运动人体科学、体育产业经营管理、体育新闻、体育旅游等专业或专业方向近年也在高校悄然兴起，体育学科正面临着前所未有的综合大发展局面。

体育学科的综合发展势必要求着更多的资源与投入，在非体育类的综合性高校之中，有关体育学科的资源相对匮乏。体育学科所要求的资源在学科综合化的进程中，已不仅仅是一块操场、一个体育馆或者一些体育教学器械可以满足的，专业师资、实验室都是所要求的重要资源。

综合高等院校本身作为一个兼收并蓄的平台，包括了学科所要求的大部分资源，只不过在现行的教育环境之下，各个学科乃至各个院系之间壁垒森严。以南京大学为例，各个院系都有自己的图书馆，如果本校学生需要跨院系借书还需经过层层申请，手续烦琐至极。仅借书一项就困难重重，更遑论其他比如教学设备、实验室或是师资力量。

要想提升教育综合水平，培养出现代社会所需要的复合型人才，首先必须消除行政制度的烦琐，消除院系间隐形的壁垒，相互开放资源、整合利用，达到利益最大化。

除此之外，我国高等院校存在与基础教育相同的弊端，将重心放在知识的传授上，对体育不够重视，同时也忽视对人的心理素质和人文精神的培养，不利于学生的全面发展。体育学科作为一门基础学科，能够强健体魄，磨炼意志，提高心理素质，为大学生的学习和生活打下坚实的基础。

当然我们所指的体育学科并不只是狭义层面上的运动锻炼、体育管理、体育社会学、运动训练、民族传统体育、运动人体科学、体育产业经营管理、体育新闻、体育旅游等这些新兴的综合性学科都已经属于体育学科。

在现如今我国的教学模式中，有一个误区是将有关体育类的综合学科剥离出来，形成体育院系教学的模式。其实体育管理或体育社会学，都应该是以管理学和社会学为大学科，体育管理和体育社会学为其中一个分支，它们的教学更应放在管理学院和社会学院中进行。唯有在宏观学科指引下，才能更好地对综合学科进行理解与阐述。

当然在现在的国情下不能完全实现这样的做法，那便更需要加强与其他院系的沟通联系，整合师资力量，共享物质资源。比如运动人体科学可以与学校的医学院联合，公用实验设备；体育管理、体育产业经营、体育新闻等学科可以与管理学院、商学院、新闻传播学院建立良好联系，无论是师资整合，还是学生之间相互沟通交流，共同完成实践，都有利于各自学科的全面性、综合性发展。

学科与专业建设在高校工作中具有非常重要的地位，在科技迅猛发展、连续扩招、高等教育竞争日益激烈的背景下，高等教育的综合化有利于形成优势学科群体，更加合理、有效地利用有限的办学条件，提高办学效率，降低办学成本，达到人、财、物的合理利用，培养更多适应21世纪时代要求的复合型人才，推进高校全面可持续协调发展。

（三）可持续发展的"体教融合"之路

1. 建立"体教融合"培养模式

"体教结合"共有六种模式，分别是自主招生培养模式、竞技运动学校模式、"一条龙"培养模式、直接引进退役的优秀运动员模式、联合办队或直接招收现役的优秀运动员模式以及三位一体模式。这几种模式各有优劣，但不约而同暴露出的问题大多是，宏观上的"体教结合"提出目的与实际不符以及微观上的严重的"学训矛盾"。

在"体教融合"过程中，要想改变这种现状，就必须对这些培养模式进行改革整合，实现人才培养模式最优化。

从"体教融合"的目的与意义来看，培养模式设计的核心内涵应当是关注人的全面发展，这就要求培养模式从"以人为本"的育人角度出发，培养学生运动员。首先，高校应当和中小学建立紧密联系，构成教育体系内的培养路径；其次，严格落实国家出台的特殊招生政策，利用高考或者自主招生选拔学生运动员；最后，在高校内建立完整的管理体系，保证学生运动员的学习与训练、生活协调发展，为学生运动员日后有可能走上的职业化道路打下坚实基础。

2. 树立大教育观

高等院校作为"体教融合"实施的平台，学生运动员全面发展的保障，必须树立先进的教育理念。

所谓大教育观，一是注重课程目标的完整性，强调学生的全面发展，二是重视基础知识的学习，提高学生的基本素质，三是注重发展学生的个性，四是着眼于未来，注重能力培养，五是强调培养学生良好的道德品质，六是强调国际意识的培训。融合性课程目标体现出的就是一种大教育观。

根据时代要求，树立大教育观，促进人的全面发展，同样也有利于竞技体育的发展。树立大教育观是贯彻落实科学发展观的具体实践。我国教育界和体育界应转变观念，统一思想，充分认识竞技体育在教育中的特殊作用，把运动训练安排在体育课堂和课外活动各个环节。重视竞技体育的地位，促进其与教育深度融合，发展以健身娱乐育人和夺标育人为目的，以运动训练为主要手段的学校体育。学校在"体教融合"中扮演重要角色，在培育全面发展的人的同时，也应充分体现"以学生为本"的理念。

这里将从宏观制度与微观实践两个方面改革体制，树立大教育观。

（1）宏观制度

①扩大高水平运动队设置范围

根据普通高等学校招收高水平运动员办法，各招生院校应对高水平运动员招生计划进行合理编制。其中，本科院校招收的高水平运动员的人数控制在该年度本校本科招生计划总数的1%以内，高职院校招收的高水平运动员的人数控制在该年度本校高职招生计划总数的1%以内。

高水平运动队设立的限制，招生人数的限制，极大地制约了高校体育的发展，要想将竞技体育后备人才的培养融合进学校之中，就必须扩大试办高水平运动队学校范围，让更多的学校与后备体育力量参与进来，形成良性循环。

扩大试办高水平运动队学校范围有利于接收竞技体育后备人才，减少青少年体育人才流失，为竞技体育选材提供坚实的基础。同时也为专业竞技体育人才退役后的学习与生活提供资源，扩大选择面。

②增加运动项目设置

如表4-1-2所示，我国高校高水平运动队设置有38个项目，与奥运会的设置项目比较仍有许多欠缺，并不能包含全部。"体教融合"的真正目的是"融体于教"，使得教育产业也成为培养高水平竞技运动的摇篮。要达到这一目标必须在现有的条件下，增加项目设置与国际赛事接轨，充分利用体育系统所具有的体育训练的资源加速推进学校建设。增加项目设置也能为高校更广泛地吸引人才，让高校更全面地培养人才。同时也应当大力发展武术等民族传统体育项目，将中国的民族传统体育发扬到世界各地。

高校高水平运动项目设置中，还包括了尚未成为奥运会项目的定向越野、武术、藤球等项目。这说明了高校高水平运动项目设置也同时顾及了国情与实际，没有一味地为竞技运动而服务，而大力发展这些项目也为大学生的学习生活增加了不同的趣味与色彩。

表 4-1-2　高校高水平运动队运动项目设置情况

项目	数量
田径	206
篮球	162
足球	105
排球	81
健美操	70
乒乓球	69
定向越野	28
沙滩排球	4
国防体育	1
艺术体操	1
武术	65
射击	7
跆拳道	9
游泳	52
射箭	1
柔道	3
网球	32
藤球	1
地掷球	1
手球	5
跳水	5
举重	1
羽毛球	26
攀岩	5
击剑	7
橄榄球	2
水上	13
自行车	1
水球	1
冰雪	14
航模	3
棒球	5

续表

项目	数量
棒球	7
户外	3
垒球	3
棋牌	13
曲棍球	1
摔跤	2

③严格规范录取资格

以美国"体教融合"的成功典范为例，前提是本人必须具备良好的运动才能，大学生运动员在录取时，需符合以下条件：

首先，美国将大学教育当作普及教育，成为大学生运动员的要求与成为普通大学生的要求相同，必须是高中毕业，NCAA联盟大学不会录取没有完成高中阶段学习的学生。不能顺利从高中毕业的学生即使进入了大学，也很难适应大学的学习，会产生负面的影响。美国普遍认为，不能在大学培养出缺乏知识的运动员，这是从人的培养的角度来考虑的。

其次，对学生在高中的成绩有严格的要求，倘若学生的高中必修课程的数量不达标、成绩不合格，学校将不予录取，这是为了保证学生运动员在大学能够顺利毕业。

再次，学生在高中学习的核心课程要达到2.0以上的成绩或者C才予以录取。核心课程包括数学、英语、宗教/哲学、社会科学、自然/物理科学、外语等学科，这些是经过美国学术机构批准的高中阶段学习课程，只有获得联合会批准资格的教师在美国大学生体育联合会指定的学校讲授，学习成绩方可生效。另外还有其他条件的严格限制。

最后，美国的高中生必须参加SAT考试或ACT考试，亦称学术倾向测试。美国大学生体育联合会规定SAT的分数为700分。这是美国高中生准备上大学的全国性考试，其意义与我国高考入学考试类似，不同之处是我国的高考成绩高低直接影响学生进入不同等级的大学，是大学录取学生的唯一标准。而ACT和SAT只是一种标准。考试成绩不是决定学生能否被大学录取的唯一标准。另外在考试的安排上也与我国的高考有很大差别，我国高考制度的最大特点是一考定终身，而ACT或SAT考试一年里可以进行多次。ACT考试在2013学年内在北美地区举办6次，其他地区举行5次，时间机动灵活，地点也可选择。SAT共有7次考试机会，亚洲的日本、韩国、新加坡以及中国的香港、澳门、台湾等地都设有考场。没有取得毕业证书的考生，可以参加ACT或SAT考试。考试对象不局限于应届毕业生。

与美国的大学生运动员的录取相比，我国的高水平运动员的录取标准是年龄在22周岁以下并且符合以下任一条件：

其一，高级中等教育学校毕业，获得国家二级运动员（含）以上证书且高中阶段在省级（含）以上比赛中获得集体项目前六名的主力队员或者在个人项目上获得前三名的。

其二，具有高级中等教育同等学历，获得国家一级运动员（含）以上证书者，或近三年内在全国或国际集体项目比赛中获得前八名的主力队员。招生学校将在省级教育行政部门的协助下对学生的资格进行认定。同等学力报考的学生必须向招生部门和教育行政部门提供相应的学习证明与成绩单。未经资格认定的学生，即使拥有同等学力，也不能报考。

我国在招生过程中有规章制度的要求，但往往在执行过程中不够彻底。从可持续发展以及终身教育的角度分析，这种做法不利于学生的全面发展。有很多运动员文化素质较差，但运动成绩尚可。

我国高招实际情况如下：运动员考生只有体育专项测试合格后，才能在户口所在地参加全国普通高校招生统一考试。根据学生填报的志愿，省级招办会向招生院校提供档案，然后院校根据国家有关规定和招生简章对学生进行录取。高职（专科）专业对考生高考成绩的最低要求是学生体育专项测试成绩合格且高考成绩达到生源地高职（专科）第一批次录取控制分数线。本科专业对考生高考成绩的最低要求是学生体育专项测试成绩合格且高考成绩达到生源地本科第二批次录取控制分数线。

对确有培养前途，高考成绩达到生源所在省（区、市）本科第二批次录取控制分数线65%，少数体育专项测试成绩特别突出的考生，招生院校向生源所在省级招办申请并提供相关名单，应分别在本省（区、市）招生信息发布平台上与本校进行不少于十四天的公示并报经生源所在省级招办和招生院校批准，考生录取人数不得超过招生院校当年录取高水平运动员总数的30%。经生源所在省级招办审核批准后，方可办理录取手续。

教育部还规定了高水平运动员单考招生办法：

第一，获得一级运动员、运动健将、国际健将及武术武英级（或以上）称号之一的考生，经本人申请，可参加招生学校对其文化课单独考试。

第二，语文、数学、外语为必考科目，招生学校组织单独考试的考试科目不得少于三门，考核标准不得低于高中毕业考试的要求。

第三，单独考试招收的一级运动员人数不能超过本校招收高水平运动员人数的 20%。

第四，招生学校应从文化课单考及体育测试成绩合格的考生中，确认能够完成专业培养教学任务的考生名单。将拟录取考生名单报生源所在省级高校招生办公室核准，办理录取手续。

当然美国 NACC 也存在着破格录取，举几个例子，美国的学生如果运动成绩十分突出，但是未达到 NCAA 录取标准，有时也会破格录取，但是采用这种方式录取的大学生运动员与正常录取的大学生运动员是不同的，受到一定的制约。首先，采用这种方式入学的运动员没有资格申领运动员奖学金，在 NCAA，获得运动员奖学金的大学生除了可以获得丰富的奖学金，还可以享受医疗保险和咨询服务，这对于大学生运动员有着很大的诱惑力，奖学金的金额与运动员的水平、项目和学校重视程度有关；其次，采用这种方式入学的运动员在第一年不能参加 NCAA 举办的比赛，因为他们要拿出更多的时间去学习来保证学业的完成；最后，采用这种方式入学的大学生运动员在训练时间上被严格要求，在学习一年后参加考试，全部合格的才能被注册为大学生运动员，来参加 NCAA 的比赛。

综上所述，我国的高水平运动员录取制度一体两面，既严格又不严格。严格的方面来看，高考制度一考定终生，还有户籍制度的地域限制。而不严格的方面来看，规章制度中设立种种满足特殊条件后的特事特办条款，虽有了很大的机动性和灵活性，但是也留下了巨大的隐患和漏洞。破格录取之后没有限制条款，被录取的特殊人才在欠缺的方面很可能得不到发展而继续欠缺，无法进步。

美国制定的规章制度是为人服务的，所有规章都旨在培养全面发展的人。而我国现阶段的规章制度主要是为了招收条件优秀的运动员而存在，没能体现培养主体日后的发展趋势与方向。

学校体育是体育教育的基础，我国的"体教融合"制度要想得到长足发展，培养出全面发展的学生运动员，就必须从源头抓起，严格规范录取制度，调整录取政策。应设立全国统一的大学生运动员资格标准，运动成绩与文化成绩相辅相成，缺一不可。使培养主体的体力和智力发展均衡起来，为人的全面发展打下基础。

招生过程应有统一标准，规范运动员的招生办法。要打破省市和学校招生制度的禁锢。招生过程应不影响学生学习，对招生的细节要有严格的规定和限制，保证招生公平性。

（2）微观实践

①统一管理办法，细化毕业要求（表4-1-6）

表4-1-6 高水平运动队管理办法（%）

管理方式	比例
（1）全部集中在某一个专业，与普通学生一起上课，由所在院系负责训练以外的一切事务	15
（2）自由选择专业，分散在不同的院系，与普通学生一起生活，体育部负责课余训练	4
（3）由体育部负责一切事务，有专门的教学计划和进度，集中生活、学习、训练	5
（4）先进预科班学习一年，再入本科专业学习4~5年	5
（5）学习要求与普通学生无差异，拿学分，可延长学籍（宽进严出）	7
（6）降低文化课要求	64

现如今高校高水平运动队的管理模式没有统一要求，各高校根据自身特点制定了多种管理办法，但从调查中显示，有六成以上的学校都为高水平运动员开了"绿灯"，降低文化课的要求。

此外，高水平运动员在学习方面享受一定的优惠政策，六成学校在获得运动成绩时会给予相应的考试加分，其他的学校也有免除部分科目、奖励学分、减免学时等优惠，甚至无运动成绩也可以给予考试加分。

以南京大学为例，学生手册中高水平运动员学生学籍管理细则第九条明确规定：

首先，为鼓励高水平运动员在竞赛中出好成绩，学校给予运动员竞赛奖励学分，获得运动竞赛奖励学分可申请免修相应学分的选修课程。

其次，运动竞赛奖励学分总数不能超过30个。适应于所有在运动竞赛方面为学校争光的运动员。个人项目和田径、游泳中的接力，乒乓球、羽毛球中的双打，健美操中的双人、三人、六人项目等，以实际取得名次计算，统一赛事取得多个名次以最好名次计算。篮球、排球、足球等集体项目，按比赛规程规定报名人数70%主力按实际名次奖励学分；其余按次一个等级奖励学分。

第十一条本科特招高水平运动员班学生学士学位授予条件：

第一，热爱社会主义祖国，拥护共产党领导，愿为社会主义现代化建设服务，遵纪守法，品行端正。

第二，系统地、坚实地掌握本专业的基本理论、基本知识和基本技能，经审核准予毕业。

第三，通过校内组织的学位英语考试，成绩合格。

第四，在校读书期间，至少有三年获得竞赛学分的记录并取得 8 个训练学分。

第五，对满足上列第 1、2、4 条件者，在授予学士学位时，可对第 3 条不作要求。

目前我国重视运动员的文化教育，各高校也在探索运动员文化教育的新模式，努力提升运动员的文化素质水平。当下的运动员文化教育体系是为了运动员顺利毕业还是为了提升文化水平难以辨别，但是鉴于目前社会上人们对学生运动员的素质的看法，人们普遍认为学生运动员的毕业文凭被"注水"。所以，国家要建构新的教育体系，探索学生运动员文化教育新模式，建设高校高水平运动员队制度。

在学校的总体管理中加入学生运动员的学籍管理。美国的 NCAA 有这么一项规定，正式注册的学生运动员，每学期选秀的课程学分最低为 12 学分。学分有如下几种含义。

首先，学校普通学生的平均成绩是学生运动员所要求的完成的最低成绩。NCAA 的成员学校都具有学生运动员完善的学习档案，档案中包括学生运动员的学习成绩，在每年秋季，将学生运动员的成绩与学校平均成绩作比较，低于平均成绩者不能代表学校参赛，必须完成 NCAA 规定的获得比赛资格的学分才能参赛。根据具体情况表现，校方有取消已经获得奖学金运动员的获奖资格。

其次，学生运动员必须修完要求的学分才可以顺利毕业拿到毕业证，即使学生运动员的成绩再优秀，也不能区别对待。学生运动员因参赛所耽误的学习时间需要自己解决。

最后，学生运动员的身份只能保持五年，每个年级可以参加 NCAA 比赛的时间都是有要求的，1 年级的学生运动员只能代表学校参加 4 个赛季的比赛，4 个赛季应在前 10 个学期（每学年 2 学期制）或前 15 个学期（每学年 3 学期制）内完成。所有的比赛都应该在学生运动员身份保持的五年内完成。

国外成功的范例已经为我国的高水平运动队管理体制指明了道路。培养全面发展的人体现了"以人为本""以生为本"的发展观，是教育的真正功能。"体教融合"的任务同样是促进学生全面发展。学生的首要任务应是学习，为追求运动成绩牺牲学生运动员的学习，盲目地奖励学分或免除学业任务，将有违"体教融合"关注人的全面发展的精神。

②合理安排课程与训练时间

我国高水平运动员入学后周训练次数安排情况为：有 93% 的运动员周训练次数为 3~6 次，54% 的运动员训练 5~6 次，39% 的运动员训练 3~4 次，周训练 7 次以上的运动员比重为3%。大部分高校运动员周训练次数安排为：隔一天训练一次或者周一至周六训练，此外有少量学校要求学生每天坚持训练（伤病等原因除外）。运动员的次训练时间安排情况为：次训练时间为2~3小时的运动员占到总人数的50%，45%的运动员次训练时间安排为1~2小时，另外次训练时间为3小时以上的运动员所占比重为4%，如表4-1-7所示。

表4-1-7 高水平运动队训练时间统计（%）

周训练次数	比例	次训练时间（h）	比例
1~2次	4	1h以下	1
3~4次	39	1~2h	45
5~6次	54	2~3h	50
7~8次	3	3h以上	4

综上所述，高校高水平运动队周训练时间安排，大部分高校为每周训练3~6次，次训练时间为两小时左右。而在假期，每周训练时间和次训练时间都有所上涨，部分学校训练任务加重。

人的精力与每天的时间是有限的。学生的全面发展需要协调各方面的发展，这就需要科学合理安排时间来进行各方面的教育。学业的发展是学生发展的基础，NCAA规定要保持学生学习的顺利和学生学业的完成，不把学生当作体育赛事的获胜工具。NCAA规定了学生每天和每周参加体育活动的时间不得超过4小时和20小时，以保证学生的学业和其他方面的发展。这样的规定充分体现了可持续发展的长久需要，有效均衡学习与体育运动的分量。并且应当将训练时间确定为晚上或下午，而把上午用于学生文化课的学习。

我国高水平运动队的训练时间尚算科学合理，由于没有明确的章程进行规定，不排除个别学校为求运动成绩而牺牲文化学习的时间，以法律或规定明确训练时间与学习时间的合理安排是重中之重。

教育体系研究应在保障运动员完成基本学业，达到本科水平的基础上，对运动员参加训练、比赛和进行文化学习的时间比例、安排等作适当的调整，协调好文化学习与竞赛、训练的关系。

③改革教练员工作制度

笔者发现，担任高校高水平运动队的教练员87%来自本校教师，而且教师还要负责给学生授课。在我国高校中，教练员大部分不是全职，而是兼职，这些教练员不仅要担任教学和科研任务，还要从事运动训练工作和行政事务。

尽管国家教委曾经规定过，教练员不应该是兼职，而应该是专职，必须按照普通体育课计算高水平教练员的工作量，它的目的非常明确，就是为了教练员的福利待遇可以得到提高，从而使他们在工作上更加认真，训练水平自然而然也可以得到提升。然而，因为我国高校在进行体育工作时具有自身独特性，教师和教练员在工资待遇方面都没有差别，更不可能有具体的方法可以实施。在我国，大多数的教练员还要负责普体课，就算运动队的成绩很差，只要他们把普体课上好，就不会影响到他们的工资和职务，所以他们不会有任何的压力，而且因为待遇都没有差别，所以训练水平也得不到提升。

同时，在高校高水平运动队带队取得好成绩的时候，学校通常给予的奖励大多是现金奖励，运动队的比赛成绩对职称晋级等影响很小。而职称晋级对于高校教师来说是职业生涯发展最为重要的一部分。

由于我国科研成果与研究者的科研能力有关，客观性高，而教学效果不易被量化和评判，影响因素多，客观性低，导致"重科研，轻教学"成为当前我国高校教师职称评定中存在的普遍现象。

一直以来我国公共课和基础课的教师教学任务繁重，并且科研项目出成果的难度要比专业课大得多。并且从事体育工作的教师在全国非体育艺术类高校中十分边缘化，体育教师职称难问题由来已久。在教学中都不能改变的职称问题，在带队训练这一方面更加不能得到解决，训练水平持续得不到提升便也成了正常的现象。我国高校高水平运动员的竞技水平受到这些因素的影响。所以，为了提高高校高水平运动员的竞技水平可以做到以下几点。

第一，进一步考虑教练员管理制度。首先，要针对奖惩制定相应的制度，除了使用聘任制管理教练员，还需要制定相应的责任制。在评价教练员时，要结合其学生的训练成绩，特别是在比赛中获奖的次数，进行综合性的评价；当然，不能仅仅看比赛胜负，还需要结合他们在学校中的贡献进行评价。也就是说要对教练员进行综合性的评价，这些评价不仅包括训练的技巧和质量，还包括社会的认可度、教练的管理能力等。不仅如此，还要最大限度地减轻教练员的工作压力，使他们不再陷入繁重教学任务中，能够不断地成为专职教练员，为了保证学校体育的协调快速发展，要分离"教"和"训"。

第二，使训练不断趋于科学化，在使教练员的学历得到提高的同时，还要使他们的科研水平以及理论水平得到极大的提高。针对教练员进行业务培训，使其执教水平不断地提高，并且还需要建立相应的制度，使教练员的训练突破地点和时间的限制，比如可以充分利用网络教育的方式。在不断提升教练员的自身业务水平的同时，改革政策，将教练员的职称评审与运动队的训练比赛成绩相挂钩，为教练员提升训练水平提供持续动力。

第三，促进深度合作，加强资源共享，充分利用现有的各种教育资源，有计划和有目的地培养更多的专职教练员，在保证他们具有基本业务素质的同时，还需要使他们具有更高的师德，具有更强的自主创新能力。

④实施商业化运作，完善激励机制

学生的学习和训练动机可分为内部动机和外部动机。学生的内部动机是学生发自内心对运动、竞技的喜爱，内部动机是希望通过参加竞技比赛获得成绩而引发的；学生的外部动机可以来自教练员的期望、家长的关心、社会的关注等运动员以外的因素，不是由学生自身产生的。良好的激励机制有利于动机激发。

我国九成以上的高校都未能给高水平运动员设立专门的奖学金（表4-1-8），而平时针对比赛或者训练所发的奖金并不能满足其平时生活的需要。根据马斯洛的需求层次理论，低层次的需要无法被满足时，便不能产生高层次的自我实现的需要。

表 4-1-8 高水平运动员奖学金设置情况（%）

设置情况	奖学金
有	7
无	93

在美国，学校招募优秀运动员的主要手段是通过体育奖学金吸引人才。NCAA 在政策上对各成员学校的奖学金颁发进行宏观控制，每个体育竞赛项目的奖学金和奖学金人数都有着严格的要求，而奖学金由成员学校来支付。这样做是为了防止因奖学金的数额差距过大，造成运动员流向的失控，致使运动项目的竞争出现失衡的现象。

如表 4-1-9 所示，我国约七成的高校高水平运动队经费来源完全依靠学校拨款，近两成的高校高水平运动队经费依靠学校拨款和企业赞助相结合，剩下的则依靠体育局拨款，以及教育局拨款、个人筹款、政府拨款与学校拨款、企业赞助之间多种结合方式维持高水平运动队的正常运行。

表 4-1-9 高校高水平运动队经费来源状况表（%）

来源	比例（%）
学校拨款	72
体育局拨款	2
教育局拨款+学校拨款	2

学校拨款 + 企业赞助	18
学校拨款 + 企业赞助 + 个人筹款	2
教育局拨款 + 企业赞助	2
政府 + 学校 + 企业	2

如图 4-1-2 所示，45% 的高校反映高水平运动队经费基本满足需要，34% 的高校认为高水平运动队经费不能满足需要，仅有 21% 的高校高水平运动队经费可满足需要。

同时，如图 4-1-3 所示，近七成的高校采用了体育部负责制，体育部的权限有限也直接导致了无法满足运动队的经费需求。

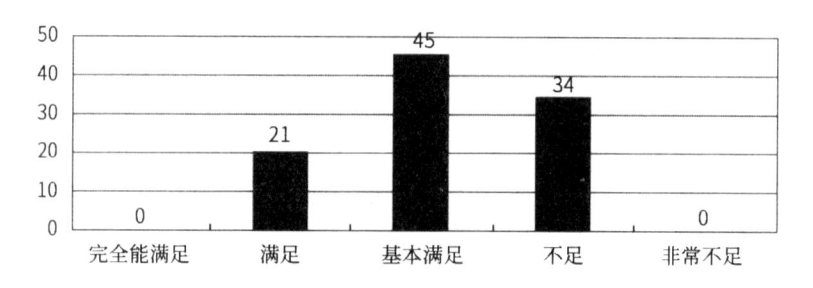

图 4-1-2　高水平运动队经费境况

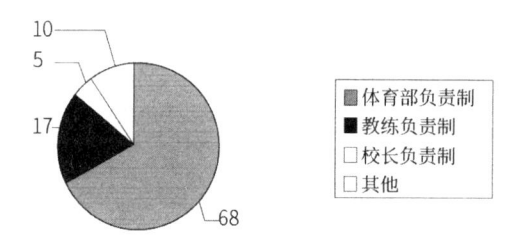

图 4-1-3　高校高水平运动队负责制

由于经费匮乏，打乱了奖金学的设置与发放，一些高校运动队出现了勉力支撑，无以为继的尴尬局面。无法实现"体教融合"可持续发展的需要，必须开辟经费筹措新渠道。

在改革开放蓬勃发展、商业化浪潮高涨的今天，高校高水平运动队实施商业化运作，是高校体育事业发展到一定阶段的必然要求。

首先，要寻求赞助，原则上要联系有实力的当地企业，不求数量上的多，要求的是实力上的强。利用这些企业勇于争上的心态，使他们真心愿意拿出更多的资金来赞助高水平运动队伍,这些企业对高水平运动员队伍的赞助是双方互利的。

其次,由于普通高校高水平运动队不同于奥运会、亚运会等国际大型体育赛事,体育产业运营商是赞助企业的最佳选择。对于许多大型企业而言,其吸引力相对不足,但是对于地区性的体育行业相关企业,则具有很大的诱惑。因此,普通高校高水平运动队应该根据自身实际情况,可选择本地区体育产业方面有龙头效应的相关企业作为赞助单位。

再次,充分利用多种招商形式募集资金,比如普通高校高水平运动队可以充分利用广告招商形式募集资金。

最后,实施体育运动队、体育赛事商业化运作的实施策略,必须注重与赞助商的长期合作。获得赞助的同时也要注重双方的和谐发展,应替赞助商主动考虑,尽量满足赞助商的要求,建立赞助的长效机制。

⑤建立完善的科研保障团队

疲劳是一种自然的生理过程,主要是指在人进行一定强度的负荷运动之后,靠应力集中的运动器官的调解功能会出现下降,同时内脏器官的功能也会出现一定的下降,导致了能量不足,进而使运动负荷器官在功能上出现了一定程度的下降,使人产生不适,以及代谢产物出现了堆积和能量不足等问题。

在出现疲劳之后,如果不能及时对其进行恢复,那么如果再进行强化训练,这种疲劳就会一直延续下去,甚至变成一种慢性的疲劳,严重的话会导致人体的机能出现问题,无法进行训练。

人体的机能受到疲劳的影响主要在下面几个方面表现出来:

首先,疲劳导致代谢出现变化。人在出现疲劳后,体内生成三磷酸腺苷(Adenosine triphosphate,ATP),使糖代谢受到一定的影响,最后会降低血糖值,如果出现了缺氧,在血液、肌肉群中会极大地增加乳酸含量。

其次,疲劳会引起内分泌失调,在这种情况下,内分泌系统并不是以正常状态工作,在出现缺氧后,人体内的副肾皮质激素在增加的同时,还会出现人体肾上腺素上升的情况,这样一来,人体的机能就会出现一定程度的失调,进而导致抵抗力变弱。

最后,疲劳会使大脑中的中枢神经变化,在人体出现疲劳后,中枢内部的乙酰胆碱会在一定程度上减少,并且传递作用也会大大地减弱,这样一来,在传统神经冲动时变得十分缓慢,进而使人的行为出现了不协调和失准。

以上的表述说明,对疲劳进行恢复是运动训练必不可少的一个环节,然而笔者发现在高校高水平运动队的训练过程中,有专门的恢复理疗设备的学校仅占

4%，有 86% 的学校在教练指导下进行恢复，2% 的学校没有任何恢复手段，8% 的学校选择的是其他治疗方法，包括自我恢复等。

运动员的训练疲劳与恢复在训练中起着重要的作用，它不仅影响了运动员水平的正常发挥，也对其成绩产生严重影响，为此，需要在运动训练中保证科学合理的训练与恢复。

在高校之中有着得天独厚的科研条件与科研基础，负责高水平运动队的领导与教练应与其他科系的教师精诚合作，取长补短，建立完善的科研保障团队，研究运动恢复手段与方式，为运动员积极有效地提高运动成绩提供保障。

3. 学生体育协会实体化

教育部学生体育协会联合秘书处（以下简称学体联）是教育部直属事业单位，是中国大学生体育协会、中国中学生体育协会的常设办事机构。它具有中国大学生体育协会、中国中学生体育协会两个独立法人资格。学体联是国家一级一类社团组织，主要承担全国及国际各级各类学生体育比赛及学生体育活动相关活动的组织、策划、研究、比赛训练、市场开发工作及其他相关业务工作。

为了完成"体教融合"的构建，应当将中国大学生体育协会变成运用法律手段和完善的规章制度来管理大学生体育的部门，将开展大学校际体育竞赛纳入学校教育的基本内容，并当成提高学校声誉、吸引学生与资助的一个重要方面。

首先，要明确组织目标。1975 年，中国大学生体育协会（以下简称大体协）正式成立，到现在已经走过了 40 多年，随着社会的不断发展，加上组织的愿望和现实需求的不同，使得组织的目标和宗旨发生了多次改变，不断自我更新和完善。目前对大体协来说，它的组织目标就是希望能由教育部领导，按照体育总局的要求和指导对国家的体育方针进行认真贯彻和落实，为了使高校更好地开展体育训练，它为教育提供一定的协助。对大体协而言，它希望可以培养更多的体育人才，同时为学校体育事业的发展提供发展动力，使我国大学生在提高文化素质的过程中不断地提高体育技术；不仅如此，为了使我国大学生和世界其他国家的大学生有更多的交流和切磋，大体协为我国大学生积极创造机会，不断与亚洲乃至国际的体育机构合作。

在目标价值方面来看，大体协重视的主要是依靠学生的课余训练来培养学生的体育竞技水平，通过大学生参加国际上的运动赛事来提升学校和国家的体育知名度。大体协要以现在的发展为基础，努力使大学生的体育兴趣和能力得到极大的提高；在使大学生全面发展的同时，还使他们的业余生活更加丰富；此外，要致力于使高校的体育水平和教练员的能力都得到极大的提高；与此同时，大体协还要与世界其他的体育机构进行更多的沟通和联系，组织更多的交流活动，使大学生接触更多高水平的体育人才。

其次，要明确职能定位。随着社会经济的不断发展，市场经济体制也在不断完善，伴随着政府行政管理体制的改革，学生体协的管理也逐渐由政府转向到社会。所以，应当先转变教育部体卫艺司的管理方式，不再对高校体育教学和体育竞赛直接领导和微观调控，应转变为间接调控和宏观指导，这些转换有助于学生体育竞赛的发展和改革，实现大体协的具体责任。同时，要完善学校的体育训练和竞赛的规章制度，改革大体协的会员制度，将单一的会员制度改为更加多元的会员制度。此外，要促进高校学生运动员、运动队、教练员和管理人员的可持续发展。

目前，我国在努力推行高等教育，所以大体协的业务不断地增加，为此，它需要满足更多学生的要求。不仅如此，参加国际体育竞赛的大学生也越来越多，提升了大学生运动员的体育水平和思维视野。另外，社会对大学生运动员的要求也在不断提升。由于失去了政府的管理，我国的大体协现在所面临的责任比以往更大，所需要承担的压力也更大，所以对大体协来说，它除了要具有对资源进行调配的能力，还需要具备一定的综合管理的能力，唯有如此，它才能实现自身的责任，才能完成历史赋予它的使命。

最后，要对结构和组织进行不断的优化，在保留现有的有效机构的基础上，按管理职能增加一些相关部门，整合优化成为重要却精简的分支结构。

4. 构建学校竞赛体系

（1）明确项目布局

"奥运战略"是我国体育发展要实现的一个重要目标，即使到了后奥运会时代，这个战略仍然是我国发展工作的重点所在，所以，在发展学校体育时需要和"奥运战略"进行完美的衔接，根据此目标对学校的项目进行布局，从而更好地进行竞技体育后备人才的选材培养。

首先，在布局学校体育中的项目时，必须考虑到学校自身的特点，以此为基础，使其发挥出自身的优势，只有这样才能使学校不断获得发展。我们要充分挖掘自身优势，利用各省的招生办，初步提出我国的高校体育项目布局策略：在专业性的体育院校开展柔道、摔跤、跆拳道、自行车等单人项目；在沿海城市高校开展赛艇、划船等水上项目；在综合性高校开展足球、篮球、排球、田径、网球、棒球、射箭等项目。

其次，学校的项目布局要为我国竞技体育发展的目标服务。当前中国竞技体育不仅仅要在奥运会上为国争光,还要实现可持续发展。想要使可持续发展的目标顺利实现,必须经过起步、发展以及成熟期。重点有如下几个方面:在整个战略中核心部分就是人力资源的建设;在中期发展中,其重点不仅是让体育实现国际化和科学化,同时还要实现产业化和社会化;而在远期战略中,其重点是对管理体制的建设。学校竞赛体系的建设应以给竞技体育提供优秀人才为出发点,成为竞技体育"社会化、产业化、科学化、国际化"建设的依托。

最后,学校的项目布局要按照项目特点对资源进行整合与优化。整合与优化学校现有资源,能够为项目提供保障,促进资源共享、优势互补,实现资源配置最优化。

(2)划清竞赛分层

①按竞赛区域划分

我国的地域跨度比较大,所以组织全国性的学生体育竞赛有相当的难度,学生体育协会可以划分学生体育竞赛的赛区,比如根据行政区域划分为西北、华北、东北、西南、华中、华东、华南等区域,每个赛区都有各自的体育协会,并且组织单独的竞赛。

在组织竞赛时必须遵循以下几个原则:一是增加比赛场次原则,通过校级、区级、国家级的比赛,增加锻炼机会;二是利用节假日原则,以减少对文化课学习的影响;三是有利于发现、输送和选拔人才原则。

②按竞赛等级划分

全国及以下各级大学校际运动会实行分级赛制,将各成员学校划分为超级联赛(全国比赛排名一至八名)、甲级联赛(全国比赛排名九至十六名)、优胜赛(十七名及以后)。各级学校还必须保证各个项目每年的最低竞赛场次及个人项目的最低参赛人数,以保持其在全国大学生体育协会中的成员资格。

(3)加强竞赛监督

为了保证竞赛公平、公正进行,需要对比赛分层、运动员参赛资格、违规等诸多方面制定可操作性强的法规制度。竞赛监督需要从两方面进行,一是成立监督体系,二是制定竞赛法规体系。

我国现有的监督体系可分为四种:

一是法律监督。我国虽然制定了《中华人民共和国体育法》等相关的法律和法规,不过其中的相关规定严重缺乏针对性和逻辑性,也不够系统化。在其中,针对职业体育中的犯罪行为虽然有了相应的规定,但是这些规定没有多少操作性,这就导致了在发生此类行为时无法对其进行有效的制裁和处罚。

二是行政监督。我国主要是由专项协会以及专项管理中心负责针对职业和业余比赛制定规则，小到省市级的比赛，大到国家级的比赛，都由这两个机构负责。这就是说，负责制定体育竞赛相应监管制度的人同时还是对其进行监督的人，自然而然，最后导致的后果是，监管机制不起任何作用，正因如此，才使得在进行体育竞技时出现了一些腐败问题。

三是行业监督。在我国无论是业余体育竞赛，还是职业的体育竞赛，都是由仲裁委员会和竞赛纪律委员会处理赛事纠纷、处罚违纪违规行为的。这两个机构基本上由一些兼职人员组成，并且是由体育竞赛机构专门设立而成的。目前看来，在这些机构中，工作人员无论是在权威性，还是法律资质方面，抑或是他们处理问题的能力都存在很大的欠缺，没有发挥出应有的作用。

四是舆论监督。在对现在的体育竞赛进行监管的过程中，新闻媒体发挥出的作用越来越明显，并且影响与日俱增，对体育赛事中出现的严重违法行为，新闻媒体总是能在第一时间对其进行最透彻的揭露。但从总体上来看，仅仅依靠新闻媒体发挥监督作用是远远不够的，由于无法得到法律上提供的保障，在对行政类的活动进行监督时，媒体受到很大制约，这就导致在监督执法和司法过程中的腐败行为时，媒体发挥的作用十分有限。

监督体系的完善主要针对四种监督方式入手：第一，要建立健全体育法律法规体系，注重系统化以及可操作性；第二，准确定位行政管理的功能，将它的目标确定为打击各种体育违法行为，并且保证严格执法，在执行时按照该目标对自己进行严格的监管，要制定相应的监管原则，保证其有效性，只有这样才能得到市场的信任和认可；第三，要尽可能地发挥出行业内监管和自律的作用，即便是兼职人员，也要定期培训，提高自身工作能力；第四，强化传媒及网络媒体的监督功能，用法律事实提供保障。

竞赛监督体系包含竞赛委员会、运动员资格审查委员会、竞赛监督委员会、以及委员大会几个部分。竞赛委员会的主要任务是制定和修改制度与规章，运动员资格审查委员会的主要任务是审核参赛运动员的年龄、学习成绩等是否符合参赛层次的要求，竞赛监督委员会的主要任务是对违反竞赛规章的学校及运动员个人进行处罚。

（4）扩大竞赛市场

在"体教结合"的培养模式中，训练比赛所需要的各种经费往往都是要通过"等""要"和"靠"实的。而在"体教融合"的培养模式之中，必须发挥出学校所具有的最大优势，尽可能拓宽筹资渠道。例如，打造学生赛事品牌，提高学生赛事知名度；各级体育协会成立市场开发部，共同研讨赛事市场开发策略；以赛事为载体，展示宣传资助企业，提高企业知名度。但扩大市场、打造品牌的同时，也要防止商业化过度入侵，损害学校体育本质，并且正确处理竞赛市场化与运动训练的关系。

体育赛事要尽可能地发挥出它最大的商业价值，为此必须对赛事与实际的经济活动进行完美结合，使体育赛事逐步走向社会化，如此方能使企业更多地参与到赛事中，在进行体育赛事的时候，应尽可能地和大企业合作筹办，甚至完全交给大企业，这样他们至少可以少承担一些体育费用。

针对赛事，要充分利用它的场地发挥出宣传效果，面向社会进行招商，比如制作一些纪念画册，在球衣上为企业打广告等。在举办赛事的时候要给予企业冠名权，这种冠名对企业来说是极具诱惑力的，能够起到很强的宣传效果，正是如此，很多的企业才争相参与到体育赛事中，冠名主要可以分为运动队冠名、单项冠名以及总冠名。这样在举行赛事的时候，就可以为企业插播广告，如果是重大的赛事，那么还可以针对国外媒体出售转播权获得收益等。企业在对比赛进行赞助的时候可以利用购买一定量的入场券，或者提供一些体育器材和其他一些用品的方式进行。如果体育赛事足够大，那么可以经过大会确定，指定一些知名商品或者商店对比赛进行赞助，同时尽可能地使企业知名度得到提高。

三、构建"体教融合"运行机制

在系统运行中，其构成要素间相互连接、影响的途径、方法、原理的总体，称为机制。而通过人们主观设立，以期达到目标、满足需求的机制，称为运行机制。

由此，"体教融合"的运行机制是指追求学校竞技体育取得成绩时，"体教融合"的所有构成因素间相互连接、影响的作用过程和作用原理的总和。

按照社会学的分类方法，"体教融合"的运行机制可具体分为如下五个二级机制：负责提供动力的运行动力机制；整合资源，协调各部分，维持整体性的整合协调机制；保证系统运行稳定有序，决定系统走向和进展的系统控制机制；为系统成员提供物质资源，满足其基本生活需求，保障系统长久运行的运行保障机制；采取合理方式，激发系统成员主观能动性的动机激励机制。这些二级机制的作用体现为引导系统成员的行为方式和价值观念与"体教融合"倡导的目标趋于一致，激发"体教融合"活力，努力实现总目标。

(一)运行动力机制

社会、集体或系统的稳定有序运行离不开充足的动力。系统运行规律明确指出,维系系统长久发展、有序运行的前提之一,是确保适度的动力。具体分析"体教融合"系统的动力机制,可细分为由小到大的三个层次:以运动员、教练员为代表的个体层次,一般指向学校的群体层次,以国家和社会为代表的社会层次。每个层次中的主体的需要都是推动"体教融合"运行的动力。

个体层次的需要一般表现为获得在校受教育机会,提高运动成绩,提高教学训练成绩,满足竞技需求,获得个人荣誉等。群体层次的需要一般表现为提高学校名望,完成办学目标,获得经济支持等。社会层次的需要一般表现为完成国家教育目标,提高国家教育系统竞技体育水平,为国家体育事业发展奠定基础。

完善的系统需要适度的运行动力。动力不足可能会使各利益主体缺乏积极性;动力过大又会导致系统秩序被破坏,引发混乱状态;只有适度的运行动力才能既满足利益主体的需求,又维系着有序稳定的社会、体育环境。因此,在实际操作中我们要控制管理各动力主体效用的实现,保证国家、集体、个体三个主体各自的效用协调发挥,使整体效用大于各部分的简单相加,而非相互背离。

首先,国家的功能定位需要转化,形成从管理到服务的转变,充分发挥政府在体育事业开展中的指导与服务作用,使学校培养竞技体育后备人才的积极性和潜能充分发挥。其次,各学校作为中间机构,起到承上启下的作用,有传达学生运动员需求、增强集体凝聚力,以及同心同力达成组织目标的职能,并且要协调好个人利益和集体利益。同时,在校运动员也要更加积极、主动地参与体育活动,以自我的全面发展为目的,积极完成训练,追求自身价值的实现,只有自身价值得到充分的实现,才能为国家作出更大的贡献。

(二)整合协调机制

任何系统运行时,问题和矛盾的出现都不可避免,并且由于内外环境的变化,内外各主体之间利益也会有所冲突,影响系统运行,各种不同的利益和资源就是整合协调机制的整合对象。

在实际中比较常见的例子就是,在校运动员一方面要耗费较多的时间和精力进行体育训练、参加比赛,争取好的成绩;另一方面作为学生,有着学习文化知识、参加考试的重任。这二者必然会相互影响,产生矛盾。这正是在开展"体教结合"过程中,学校方面普遍面临的重大挑战,是急需解决的问题。所以,我们在应对这一问题,消除运动员训练障碍时,必须通过整合协调机制,整合教学计划、课程设置、师资力量等教学资源，协调学校各部门人员，形成一套有助于高水平运动员持续发展的制度。

具体做法：一是要树立科学发展观，坚持以人为本，培养全面、可持续发展的竞技体育人才。提高学校在竞技体育事业建设中的地位，以在校培养竞技体育后备人才为整合中心，追求我国竞技体育水平的上升和社会主义人才的全面发展。二是要整合个人、集体、国家各主体的利益。在不违背国家和集体利益的前提下，实现个人利益。保持个人利益与国家、集体利益相一致，个人利益与国家、集体利益相互促进。三是要开展文化整合。发挥学校、社会媒体等的引导作用，弘扬正确价值观，使集体、个体的目标与社会、国家的目标相一致。

有关政府部门和民间组织要通过"整合机制"的恰当运用，对有限的资源进行最为合理有效的配置，向"体教融合"的更高层次迈进。

（三）系统控制机制

英国著名数学家诺伯特·维纳（Norbert Wiener）在20世纪40年代提出了控制论。控制论的主要内容是，随着时间的推移，人们根据事物发展的规律，推算出一个事件或者一系列事件的发展走向。现如今，控制论已广泛运用在各个地方。

社会控制这个概念的原理在于，处于社会的个体或者群体，按照一定的原理、一定的规则进行各种社会活动。调动社会力量和使用各种手段，能够使处于社会中的个人和群体遵守规则，使得社会有条不紊地运行。

控制手段是在整个过程当中最重要的一个环节。控制手段是否严密，是否合理，决定了控制论是否能够完整地进行。这就要通过研究被控制对象的变量来实现，只有清楚掌握了被控制对象的变量，强化控制环节，促进控制机制强化与发生效用，才能够建立一个完整的控制系统。

控制手段有很多种，一般来说，可以通过制度控制、组织控制、人文控制和目标控制这几种方法，来达到"体教融合"的目标。社会上的个体和群体都能达到"体教融合"的这个秩序，就是遵循了"体教融合"的这个控制机制。

建立规章制度是保障"体教融合"系统正常运行的关键点，人们能够在良好制度的影响下有序行动，推进"体教融合"系统的正常运行。

制度控制手段是保障"体教融合"系统的根本，而组织控制是提高"体教融合"系统效率的关键。组织控制可以合理分配教练员的数量，合理安排运动员的训练时间，加强运动员日常生活管理、学习管理等，使得整个"体教融合"系统效率更高。

在整个系统运行的过程当中，最先要确立的就是系统的总目标，运动员在训练的过程当中，要不断向总目标靠近，运动员在向目标靠近的过程当中可以找到自身的不足，找到训练环节出现的一些错误。在训练的总目标定下来之后，可以继续往下设立子目标，子目标可以是每一次的训练，也可以是一个阶段的训练，通过每个子目标的设立和达成，运动员就能很清楚地知道自己的哪一个环节比较薄弱，在哪一个环节经常犯错误。采用目标控制这个方法就能够避免每个环节中容易犯下的错误，也避免同样的错误反复出现。

人文控制指的是要不断树立以人为本的观念，把尊重人、关心人时时刻刻放在心中，这样就可以调动系统内每个人的积极性和创造性。人文控制的最终目标是使得运动员在"体教融合"整个系统当中，发挥属于自己的一份光和热。人文控制手段可以通过灌输民族精神和价值观念等方式，将积极的思想根植于运动员的心中。

（四）运行保障机制

"体教融合"系统也需要运行的保障机制。例如物质、能源、信息这些都是系统运行密不可分的要素。只有保障这些要素的充足，才能够保障系统运行的完整性。

大学生运动员走向国际竞技场，是现如今人们所期盼的一个方向。但是这个方向的达成，光靠学校的支持是不够的。大学运动员走向国际竞技场需要的不仅仅是学校的教育，还需要资金的支持。社会上的支持和帮助可成为这笔资金最大的来源，只有大家都支持，这个假设才能够更快地变成事实。

高校运动员有属于自己的长板和短板，高校运动员的文化素质相较于专业运动员来说水平更高，但是短板也非常明显，在高校的运动队当中，没有专业的教练，像是上过国际赛场的运动员，在退役之后也无法进入高校成为教练。为进一步推动体教融合，学校必须解决教练专业度不高的这个问题。学校可以整合各方面的社会力量，对于那些退役的运动员敞开怀抱，让他们将专业赛场上的体育知识和实战经验教授给学生。

高校的硬件设施也是一个不容忽视的问题。许多高校的硬件设施建设根本跟不上运动队的训练规模，当运动队需要高强度的训练的时候，硬件设施不足的难题也是最值得关注的。这就要求高校积极改善硬件问题，如若在短时间内无法改善，那就需要科学划分训练场地，科学安排训练时间，以达到训练效率的提高。

对运动员的后勤保障也要跟上。运动员的饮食营养、作息规律和伤病恢复都要在学校内得到保障。

（五）动机激励机制

从"体教融合"这一系统来看，激励机制激发了培养主体的主动性、积极性与创造力，而积极性是通过满足各种合理需求激发调动起来的，马斯洛的需求层次理论印证了动机激励机制，积极性是学生运动员在训练的时候最需要的，学生运动员树立正确的三观，使其行为活动和思想观念都符合社会主义核心价值观要求。

激励机制包含激励标准、激励手段和激励过程三个要素。

激励标准是激励机制的核心。只有制定全面科学的激励标准，才能使得激励机制对学生起到真正的作用。从前针对学生运动员的激励标准，更多的是以成绩为主。但是在现在立德树人的教育理念之下，应该从思想、文化、成绩三个方面入手，更加全面地制定规范统一的激励标准。

激励手段方面要摒弃从前的老办法，采取正向激励、负向激励等多方位的激励方式。

激励过程的内容十分复杂，因为这个过程当中要考虑许多个人主观的因素，比如说个人的意愿、目标、想法、意图等。而在过去的激励机制当中，往往都不太关注激励的过程，只是通过刺激该过程中的变量来达到激励学生的目的，而不是通过找寻其他方面的变量。最后只关注结果，也就是学生运动员的最终成绩，根据最终的成绩发放奖金。学校应该改变这种单一的激励模式，除了物质激励外，学校应该多考虑对学生运动员精神方面进行激励。比如说，对于成绩大幅提升的学生，不仅可以适当发放一些激励奖金，也可以通过言语的夸赞进行激励。除此之外，对于那些每天按时上课的学生，也可以适当奖励一些学分。按照这样的思路，学校可以把激励的方式多样化，尽可能让所有学生都感受到被重视，从而获得激励。

学校对学生运动员的激励手段也应该多样化。除了上述说的个体激励之外，也应当重视群体激励效应。对学生运动员的激励应该做到长期性，从而形成一个良好的竞争环境，达到对学生的动态化管理，使得学生运动员在时时刻刻都能够保持最好的训练状态，努力达成自己的总目标。

此外，激励机制应该考虑的不仅仅是一个方面，而是要从学生、教员与科研人员以及学校这三方面入手。从学生方面来说，以鼓励为主，而物质方面的奖励是必不可少的，在激励的过程当中，最需要注意的就是，外部的激励和内在的鼓励应该处于一个平衡的状态。而在教员与科研人员方面，与学生遵从的是同样一个原则，外在的物质激励和内在的精神激励要并重，但是教员和科研人员不同于学生，学校的工作对于他们来说是养家糊口的基本保障，因此在物质方面更应该提高激励金额。最后一个方面也是最重要的一个方面，那就是学校方面，学校要完善管理制度，制定公平公正的考评机制，对于学生和教员的激励政策要落实到位，对于激励的物质内容也不要吝啬，更不要许下空头支票。

俗话说得好，实践出真知。只有在不断的探索当中，总结出有用的经验，才能真正地实现"体教融合"。

第二节　体教融合背景下高校体育人才培养策略

一、整合青少年体育赛事和运动会

完善青少年体育赛事体系，需要按照一体化设计、一体化推进原则，通过体教融合进一步整合学校比赛、U系列比赛等各级各类青少年体育赛事，建立分学段、跨区域的青少年体育赛事体系，利用课余时间组织校内比赛、周末组织校际比赛、假期组织跨区域及全国性比赛，以及合并全国青年运动会和全国学生运动会，改称全国学生（青年）运动会等。

（一）整合体育赛事，合办高校高水平运动队

教育和体育部门共同组织青少年体育赛事，共同对青少年进行训练，共同搭建面向全体学生的校园竞赛系统，共同制定竞赛奖励机制。打通学生运动员的人才上升通道，拓宽竞技体育人才发展空间。体教融合在原来的竞赛项目上进行进一步的整合，把体育和教育这两个方面许多独立的竞技项目都整合到一起。体教融合将这些独立的项目都融合到一起之后，也能够让所有学生一同参与，在竞赛过程中选拔优秀竞技人才，打通优秀运动员的升学通道。教育体育部门共同构建完整的校园体育竞赛体系，共同组织比赛，学生在训练的过程中就可以拥有更加完善的机制。促进体校教育全面提升，进一步贯彻落实强化体校学生或运动员文化教育的措施，用体育和教育资源共同推进体校的全面改革，实现中小学教育资源与体校教育深度融合。体教融合将全员竞赛纳入学校体育工作，拓展学校体育工作边界。建立优秀退役运动员进学校执教的准入标准，使学生得到更专业系

的训练，树立学生规则意识，培育完善人格和坚韧意志品质。竞赛是体育活动的核心，将青运会与学生运动会合并，对教育部门的学校赛事与体育部门的 U 系列赛事进行整合，由教育部门统一组织竞赛。体育部门和教育部门整合各方场地设施、师资、竞赛等资源，共同建设高校高水平运动队，将其纳入我国竞技体育人才培养序列，与省队、国家队有机衔接。

（二）大力开展高校体育赛事

高校大力组织校内体育竞技比赛，有两个方面的好处。一方面是便于选择合适的运动员，让有天赋的学生得到更好培养；另一方面是有助于提高全体高校学生的运动热情，激励他们运动起来。而高校积极组织学生参与政府、教育或体育部门及社会组织举办的区域性体育赛事，也是有两个方面的深意，一是通过竞技比赛的激励，让高校学生更加勤于练习，二是对于那些专业体育生来说，这样大型的竞赛也给了他们展示的舞台，让他们在训练的时候更有热情，拿出自己100%的积极性。而且这类竞技比赛的物质奖励也要跟上，不能光说不做，如果没有物质奖励的话，那么久而久之，高校学生就会失去竞赛兴趣。

（三）加强高校高水平运动队建设

高校高水平运动队是高校培养体育人才的第一梯队。高校培养高水平运动队是在一开始的时候就定下来的方案，高校高水平运动队可以说是高校学生体育水平最高的代表。高校高水平队的培养应该从以下三方面着手：第一，要重视高校高水平队的培养，选拔机制应该进行改革，本着更加公平、更加科学的选拔机制，为国家或地方体育人才充实后备力量，把高校学生作为参加国际竞技体育比赛的后备军。第二，还要加大对高校高水平队的支持，无论是高水平队的经费问题还是管理问题，都应该给予更大的帮助。第三，高校高水平队除了要提高体育水平外，文化水平也不能落下。只有通过合理的安排，文化训练两手抓，才能够培养出国家真正需要的复合型人才。高校对于高水平队的文化课程，也应该设计更加人性化的学分制，这样才能够帮助他们平衡训练与文化课之间的关系。

二、专设教练员岗位

发挥优秀退役运动员的专项技能优势，细化专业运动员进校园担任教练员的准入制度，形成体育教师与教练员师资互补优势，优化学校体育师资水平。优秀退役运动员进入学校，先上岗，后培训，符合法律要求和学校需要，考取教师证的退役教练员可以被聘为体育教师，不能考取教师资格证的优秀退役运动员也可以被聘为学校体育教练员，将体育教师和教练员深度融合，设置专门教练员岗位，发挥运动员专业技能，提升学校体育质量和水平。加强体校、体育传统特色学校、高校高水平运动队的教练员的教育培训和资格认证，鼓励退役运动员到中小学担任体育教师或教练员岗位，使青少年兼顾文化学习和训练竞赛，注重培养学生奥林匹克文化精神。高水平体育师资是体教融合的重要保障，保证学校开设更多可供选择的体育项目，确保一校一品的实现，使学生掌握运动技能。教育部门为学校购买体育公共设施，将优秀退役运动员、教练员引入学校体育，实现体育和教育系统的优秀师资共享互通，将教练员的工资标准、职称评定和继续教育培训纳入教育系统。

三、以"三大球"为重点实施领域

"三大球"不同于乒乓球、羽毛球、网球等运动项目，是群体性体育项目，它包含了足球、篮球、排球这三种球类，因为具有广泛的群众基础，高校青少年学生也热爱这三种球类，所以它们有了"三大球"的美称。

党中央、国务院为推动"三大球"改革与振兴发布了相应的文件，以教会、勤练、常赛作为核心理念，以体教融合作为重要举措，对学校足球、篮球和排球这三个球类的改革有了明确的指示。要明确一个目标，体教双方都能够实现一体化的推进、一体化的改革。要提高站位，顾全大局，搭建完善的竞技体育系统，按照国家体育发展要求，为学校、体育竞技类社团和社会上的体育俱乐部搭建交流的平台，使他们可以互相沟通、互相学习。以赛促学，调动所有人的热情，使体育赛事在青少年当中得到普及，确保体育训练有标准的评判制度，从而助力国家竞技型体育人才的后备军培养。要调整结构，中国的"三大球"在男、女队上有很明显的强弱之分，像是中国女排在国际上都有着响当当的名号，代表了中国的体育精神，可是男排在国际上却并未被很多人提及。中国男足和中国女足的差距也在近些年慢慢拉开，女足在国际上赢得比赛的次数远远多过男足。因此，要打破这样的不平衡，就需要调整结构。例如，可以大力弘扬新时代的女排精神，把弘扬中华体育精神同坚定文化自信结合起来，把体育健身同人民健康结合起来，坚持举国体制和市场机制相结合。在推进"三大球"体教融合过程中，要积极将正面例子作为典型，要总结女排、女足成功经验，推进其他队伍的发展。

四、合理安排课程与训练时间

以往，运动员培养主要由体育部门负责，学校体育主要负责增强学生体质、增进学生健康，没有形成教会、勤练、常赛的完整体系。学校体育是培养竞技人才最广泛的基地，体教融合政策强调一体化设计，一体化推进，在学校成立高水平运动队，将高水平运动队发展纳入国家竞技体育人才培养规划。把青少年运动员的培养纳入学校体育体系，在体育传统特色学校的基础上建立从小学到大学、专业队、职业队的"一条龙"人才培养体系，尽快实现单项运动协会实体化改革，国家体育总局放权给运动协会，通过脱钩发挥单项运动协会在培养竞技体育人才方面的积极作用。以往我国竞技体育人才主要由环境相对封闭的体育传统校、业余体校和专业队来培养，三级培养体系注重运动员的训练竞赛，忽视了运动员的文化教育和全面发展。体教融合强调竞技体育人才纳入教育系统培养，采用延长学制、保留学籍等方式保障学生运动员的文化学习，提升运动员的综合素质和社会适应能力。在保障教学质量和学业标准的前提下，为青少年文化和体育同步发展提供良好的政策环境。

五、其他方面的一些建议

体教融合的最终目的是克服运动员在时间和精力有限的情况下无法兼顾体育训练和文化课的弊端，竞技体育和高校体育融合发展的体系构建，就是要协调内部各个组成要素、途径、方法，以完成预期目标、满足需求为出发点形成科学运作指导框架，包括经费来源、人员编制归属、管理体制与运行机制量化指标体系等，打破运动员常规文化课程学习与专项训练的时间冲突，最终实现运动员在体育和教育两方面的和谐发展。

（一）经费来源

必须打破以往高校竞技体育建设资金的被动状态，利用高等教育的平台优势，拓宽经费来源的渠道。与社会商业赛事运作公司合作，打造赛事品牌，孕育赛事IP，围绕赛事冠名权、商标使用权、赛事转播权、赛事赞助权、赛事服务权、市场营销权等方面进行深度开发。成立专门的商业化运营部门，打造示范赛事品牌，以此为样本探索成熟的高校竞技体育赛事商业化运营体系，对各地赛事形成示范作用。在商业化的过程中，要注意保障竞技体育和高校体育的正常运转，警惕过度商业化带来的体育异化现象。

要充分开发赛事的商业价值，就要将赛事打造成竞技体育产品，与市场经济体制运行的规则相适应，遵从商业化运行的市场规则，吸引多渠道的社会资本和各个类型的企业对赛事的经济价值进行深入发掘。

基础层面，对比赛中场地设施、球员服装、秩序册等依据面积、曝光率、使用时间等进行广告位设计，依据曝光度的不同进行价格区分并进行公开商业招投标，利用竞技体育赛事的影响力，帮助企业进行宣传，提高知名度；打造明星队伍、明星球员，对注册运动员、运动队进行商业化运作，可在不干扰正常训练比赛的前提下，对个别有特点的出色运动员和运动队进行商业化包装，形成明星效应，提高赛事的关注度，促使运动员个人名利双收；开放对体育器材商和装备供应商的独家赞助权，既可以帮助赛事节省大量的器材费用，也能帮助企业在实际应用中检验产品的实力，好的产品往往会通过一次赛事迅速打开市场；对赛事的媒体转播权进行售卖，转播中根据比赛规则适当插入一定数量的广告，以秒为单位计算。

（二）人员编制归属

合理的人员编制是一个单位工作良好开展的前提条件，应该依从目标导向原则，充分调研工作现状，结合内外部环境、工作方式变化等因素科学定岗定编。只有明确了被控制对象，才能围绕其实际情况实施控制手段，综合利用控制系统，形成合力，帮助被控制对象按照既定方针快速发展，并督促对象遵守系统规范。

竞技体育与高校体育融合发展的培养主体明确为各大高校，培养单位是高校，那么培养对象的身份首先就是在校大学生，其次才是高水平运动队的运动员。大学生的身份就要求运动员首先要服从大学学生手册的各项基本行为要求，受到学生守则的制约，违反校规校纪应受到一视同仁的处罚。

既然主体是学生，就要看到学生是自然人，有独立的思想，享有受教育的权利；就要看到学生是在发展中的人，在学校这一特殊环境仍然处于成长阶段，应当看到学生的特点，训练安排要与学生的个人发展水平相适应，允许学生间存在个性化差异，并能因材施教，有目的地引导学生依据自己的特点，进行体育项目的学习。

在组织控制理论的指导下，围绕培养对象的需求，建立高水平运动队管理体系，涉及领导方法、教练员配置、学生日常管理等方面，围绕以促进学生发展为中心这一核心理念，对现行组织架构进行评估，根据工作中遇到的问题和学生的诉求及时评价反馈，关注场地设施、科研配套、后勤保障、运动员身体状况和心理健康环境等环节，及时作出相应的调控。要做到实时反馈，这有利于对问题进行及时发现、及时处理，提高运动队运行效率。

（三）管理体制整合

长久以来，"体教结合"工作开展不理想，管理体制始终存在内部矛盾，外部环境变化速度不断加快，加剧了体育和教育两大系统的冲突，融合发展体系的构建就是要克服这一问题。其本质问题就是"学训矛盾"难以克服，运动员在有限精力内，既要按照体育系统的安排完成大量的训练任务，又要从事文化课学习，单独依靠运动员努力，强行参与两个方面的内容只会因疲惫增加运动损伤的概率，文化成绩也难以提高。

融合发展体系下的管理体制就是要解决这一问题，形成以高校体育运动委员会为中心，地方体育系统提供支持，体育院系为具体执行的管理体制，将培养全面发展的运动员作为目标，统筹规划运动员的大学生活，适度调配文化课和专项训练的时间和强度，优化资源配置，为个人可持续发展提供保障。个人利益、集体利益和国家利益是相互协调的，只有个人得到了全面综合的发展，才能帮助集体赢得荣誉，才能为国争光。要充分发挥学校的教育作用，贯彻落实科学发展观，发挥竞技体育的教育作用，建立科学合理的管理体制，推行以人为本的管理理念，推动竞技体育和高校体育的融合发展向更高层次前进。

此外，通过信息化管理系统将学生的时间模块化，统一规划为教育、体育、生活三大板块，教育和体育训练在 DMS 疲劳监测系统的支持下，以提前定好时间段的形式开展相应的工作安排，生活板块仅提供指导性意见，由学生自主安排，在现代科学技术的支持下力求实现体教融合，促进学生运动员的全方位和谐发展。

（四）系统运行动力

各个环节协调运作才能形成系统动力，竞技体育和高校体育融合发展的系统动力来自各个层次的需求：微观层面涉及运动员、教练员；中观层面涉及体育系统、高校；宏观层面则涉及国家和社会。只有三个层次的需求都能得到满足，系统才能推动"体教融合"运行。

微观层面，个人需要指向学历、训练、运动成绩、个人成就；中观层面，学校需要扩大影响力，提高教育质量，达成一定的业绩，取得经济收入；宏观层面，社会需要提高国家体育教育和竞技体育水平，展现国家实力，改善人民身体素质。

当主体需求不能得到满足时，运行动力就会减弱，这使得主体积极性受到打击；动力过大时，又会使得系统运行异常，引发异化现象。因此，只有在国家层面的宏观调控下，学校中观层面的贯彻落实与个人微观层面的需求相协调，才能推动竞技体育和高校体育融合发展的平稳进行。

国家应积极转变角色，简政放权，发挥服务职能，利用给予高校竞技体育发展优惠政策，调动各个高校的主体积极性；学校应积极响应国家号召，推动教育体制改革，宣传素质教育思想，在实际工作中以促进学生发展为目标开展高水平运动队建设；个人应树立崇高理想，积极参与日常训练和学习，完成自我价值追求，努力为学校为国家作出自己的贡献。

第五章 高校体育教学评价改革分析

本章主要探析高校体育教学评价改革。本章主要内容由三部分组成，第一部分是体育教学评价的内涵，第二部分是高校体育教学评价的发展研究，第三部分是高校体育教学评价体系的完善。从这三个部分深入探讨体育教学评价工作的开展。

第一节 体育教学评价的内涵

一、评价的含义

"评价"这个词在许多国家的词典当中，都与"价值"这个词分不开。例如，在英语中 evaluate（评价）是从 value（价值）这一词根变化而来的，只是加上了前缀 e，该前缀具有"出""引出""出自"之意。通过这个例子，我们能够更好地了解到"价值"和"评价"这两个词语之间的关联。"评价"这个词具有悠久的历史，我们可以从它被使用的广泛程度中略窥一二，而人们对于评价的使用频率也很高。美国著名教学评价专家沃尔森（Blaine Worthen）和桑德尔斯（James R. Sanders）在他们的著作 *Educational Evaluation* 中，引用了早期英国人引进威尔士长弓的故事，来说明人们使用评价的悠久历史和评价活动的重要性。

英国人引进和改进了威尔士长弓，是英国人看到了长弓明显优于他们的弩。长弓发出的箭可以射穿坚硬的盔甲，并且可以连续发射。总之，英国人根据自己的目的分析和评价了长弓的价值并决定使用长弓以增强与法国的对抗能力。因此，他们放弃了弩，完善了长弓。在后来的百年战争中，英国军队多次被证明是不可战胜的。相反，法国人在对长弓进行了短暂的试验后，仍然不愿放弃弩。当然，这也是法国军队在战争中屡屡失败的主要原因。

从这个例子当中，我们可以看到评价活动的重要性，而这样的例子并不仅仅在英国才有，这里就不再赘述。从这些广泛的例子当中，我们可以看得出来，评价活动是向于人类基本本能的一种活动。评价的方式有多种，它可以是正式的也可以是非正式的，可以是随心所欲的，也可以是经过长时间思考才得出的。像非正式的评价，我们在日常生活当中随处可见。例如，我们去商场买一件裙子，就可以在心里对它有一个完整的评价，是好看还是不好看？是适合自己还是不适合自己？或者我们在饭馆点了一盘菜，我们品尝之后就会决定这盘菜的味道是否符合它的价值。但这些评价之所以被称为非正式评价，是因为得出的最后结果都是建立于我们个人主观意念上的。

所以我们重点要讨论的评价方式就是正式的评价。正式评价和非正式评价刚好是恰恰相反的，它并不基于我们的主观意念，而是建立在精密的数据、严格的标准和作出充分价值判断的基础上的。总而言之，正式评价通常是非常客观的。

在现如今的社会上，这种正式的评价渗透在我们生活的各个方面当中。大到比赛竞技场上公平公正的评判标准，小到学生的每一次期中考、期末考和随堂考。这样正式的评价在体育界包括对人的健康水平、身体素质、机能、形态，运动技术水平等的评价。在教育界则是评判教学内容，决定教学方向的标杆。

我们已经了解评价和价值之间存在千丝万缕的关系，但是这两者又不能完全画上等号。评价可以有正式的评价，可以通过严格的标准和大量数据的分析，得出公平公正客观的结果，但是价值却是更加主观的，价值反映的是主体和客体之间的对等关系，而这种关系则是更加需要通过人来完成，一件物品的价值对于不同的人来说，都会有不同的答案。所以，一个完整的评价过程当中，除了有之前正式的评价，还需要收集数据，得出大概率的一个价值判定，这样才完成了一个完整的评价过程。

二、教学评价的概述

教学评价的实施目标是教学过程。它依据一定社会的教育性质、教育方针和政策，对目标进行一个评价。而参考的数据则是每种教学方法在教学活动当中产生的效果。最理想的结果是教学方法能够满足学生的个人需求和发展需要，在教学过程结束之后，学生能够达到自己制定的目标，获得身心的愉悦，并且在教学过程当中收获了新的知识。这种教学评价是对学生实现教学目标程度的行为进行系统的定量与定性描述，最终作出价值判断的过程。在判断过程当中一定要保持客观，评价的标准也只能是数据的支持，而不是个人主观的感受。

三、体育教学评价的相关理论

（一）教育研究

教育研究的目标是得到教育的一般知识、规律和理论，而要达到这个目标，就要通过测试各种变量之间的关系，得到教育的一种普遍现象。在研究的过程当中，可以通过实验或者调查等科学的手段，来获得最终想要的数据，通过数据就可以得出有关教育的普遍知识，还能够形成相应的理论模式。

基础研究和应用研究是科学研究中彼此关联的两个重要组成部分，到了教育研究这里也不例外。基础研究的主要目的是拓展知识领域和构建理论，它通过获得实验性数据来构建、发展和证明理论。因为研究的都是过于基础的理论知识，所以遇到生活中的实际问题的时候，基础理论得出的研究就显得有点难以套用。当然，基础研究也并不是空中楼阁，恰恰相反的是，它是一切研究的基石。

应用研究属于基础研究的分支。应用研究有很强的针对性，往往是通过对于某个现实问题的发现而提出疑问，继而针对该疑问开始进行研究。可以说基础研究和应用研究是因果的关系，正是因为有基础研究得出了一般的理论，应用研究才能够找到问题并针对问题去进行研究，得到结论。一个医生如果只知道人体构造的话，他是没有办法治好病人的，而一个教育工作者如果只知道教育基础理论的话，那么他在课堂上也肯定没有办法教好书。应用研究就是将基础研究得出的一般规律付诸实践，在解决现实问题的时候，利用基础研究得出的一般规律，就可以知道基础研究得出的一般规律是否适用于这个基础研究的所有问题上。所以从这个方面来说，应用研究也是对于基础研究的一种补充，只有应用研究顺利通过了基础研究的一般规律，才能够说明基础研究得出的一般规律是可行的。

虽然教育研究和教学评价在研究过程当中的相似处有很多，但是通过仔细对比，我们就能够发现二者之间的不同点更多，也正是这些不同点，使得两者的出发点、目标和所具有的普遍性都不相同。有许多研究者都对教学评价和教育研究进行了仔细的对比，通过总结和归纳这些不同点，我们可以得出以下几个方面的不同。

第一，教学评价和教育研究在开始的时候目标就不一样。教学评价更需要得到的是一个结果，得到一个价值判定，而教育研究则是要找出教育过程当中的一般规律，总结并归纳出来。

第二,二者在方法上也是大相径庭。教学评价是针对事物的特殊性进行一个评价,而教育研究则是找出事物的共同点,将共同点总结成一般规律。

第三,二者在探究的独立性方面存在差别。相对于教学评价来说,教育研究更加具有独立性,因为教育研究是属于个人的,需要研究者从许多事物当中找到其中的规律,并且通过自己思考得出结论。而教学评价则不能以一个人的判断为标准,应该参考多方的意见,才能够得出最为客观、最为准确的评价。

第四,二者分析的对象不同。教育研究的分析对象是最终的结论,也就是最终获得的知识;教学评价则是侧重于教学本身,是对教学手段采取的一种价值判断。

(二) 教育测量

教育测量和教育测验并不是同一种事物,测量应该是将测验包含在内的,因为教育测量除了可以通过实验测验的方法来得到最终结论,还可以通过别的办法来得到结论。测量最大的特点就是能够将数据量化,把一些物理的、非物理的量转化为数组或记号,将收集来的数据转化为数组或记号之后,我们就能够发现事物的规律,这也就是测量的最终目的——追求客观的量化结果。

教育测量并不是教学评价。它只是从数量上对资料进行描述,也就是说,教育测量只是一种手段,它将数据收集量化,按照数据独特的属性进行分类,最终为得出最后的结果作出贡献。因此,教育测量是教学评价和教育研究的必经之路,只有通过教育测量,才能得出最后的价值以及它的延伸理论。

四、体育教学评价的种类

(一) 按评价的对象和范围分类

体育教学评价的分类方式有很多种,下面就根据评价的对象和范围不同,可分为宏观教学评价、中观教学评价和微观教学评价。

1. 宏观教学评价

宏观教学评价是总体性、全局性的。它大多是对规模性的、全区域性的教育现象、教育措施进行评价。因此,宏观评价具有一般性和总结性。

2. 中观教学评价

中观教学评价的对象是单个的学校。中观教学评价以学校作为评价对象,把学校的规章制度、教学内容、教学方法都作为评判的标准,才能得出关于这个学校的评价结果。

3. 微观教学评价

微观教学评价是对于个体学生的评价，以某个学生作为评价对象，对其身心发展、学习情况、个人目标达成情况进行分析，得出具体评价结果。

（二）按体育教学评价的时间和作用分类

1. 诊断性评价

诊断性评价是一种预测性、摸底性的评价。它更多的带有一种预先性，在教育活动开始之前，对于教育对象进行摸底，能更好地了解评价对象的基础情况，根据这些得到的情况去搜集必要的资料，并且对资料进行分析，从而更好地开展之后的教学活动。

2. 形成性评价

形成性评价是一直变化着的，这是因为形成性评价是对于教学过程的一个评价，而教学过程是一个动态的过程，每个评价的时刻可能对应的阶段都不同。形成性评价的作用就是对教学过程进行实时的评价，从而及时改正教学工作中的不足。

3. 终止性评价

当某一教育、教学活动项目告一段落或完成以后，需要对于活动有一个总结性的评价，这个评价就是终止性评价。终止性评价的作用是很大的，它可以作为一个标准，来判定教育教学目标是否达成，也为学校做好下一步工作提供参考。

（三）按评价的基本标准分类

1. 相对评价

相对评价需要先选取一个参照评价，根据参照评价的结果，对其他对象进行评价。相对评价有属于它自己的特点。第一，选取的参照物是有一定标准的。第二，评价的参照对象和其余对象是同类型的，是可以放到一起比较的。

2. 绝对评价

绝对评价需要先制定一个预先的目标，然后以这个预先的目标作为参照物，对研究对象开始进行评价。绝对评价的特性有三条。第一，绝对评价的目标参照并不是从评价对象当中选取的，而是另外选取的。第二，绝对评价是事先就已经设定好目标参照，不是在评价的过程当中才确定目标。第三，绝对评价关心的是评价对象是否达到了目标的标准，换句话说也就是评价对象的达标程度。

（四）按评价的性质分类

1. 需要性评价

需要性评价是针对新提出来的教学活动所形成的一种评价方式。它往往是对教育活动当中的教育目标、计划实施方案等方面进行价值的判断，从它们的价值来判断这项新的教学活动是否要继续进行和拓展。需要性评价，往往是在教学改革之前需要完成的步骤，通过需要性评价可以得出教学活动改革的必要性。

2. 可行性评价

可行性评价，顾名思义是对于教育活动的可行性作出一个判断评价。在教学活动的过程当中会涉及很多方面，可行性评价就是将这些方面加以整合，得出教学活动的可行性。

3. 配置性评价

配置性评价主要针对的是教育活动中物质方面的评价。在教学活动当中，物质条件也是必不可少的一部分。配置性评价是针对这些物质条件能否达到教育活动开展条件的一项评价判断。

（五）按评价的主客体分类

1. 自我评价

自我评价就是被评价人给自己评价判断。在自我评价的过程中，评价人要严格按照一定的标准，客观公正地评价自己，只有这样得出来的评价结果，才是有效的评价结果，通过评价结果，评价人就可以达到一个自省的目的，在之后的工作中就可以对自己有更高的要求，也更加能够接受他人的建议。自我评价常常被用于形成性评价的过程中。

2. 他人评价

他人评价又叫外部评价。他人评价最大的特点就是比自我评价更加客观，因为在自我评价当中，人难免会被主观的意识所干扰，因为他人评价具有客观性这个特点，所以他人评价的结果也比较具有权威性。他人评价常常用于终止性评价的过程中。

五、体育教学评价的特征

（一）评价标准的社会性

教育作为一种社会行为，毕竟是和社会性脱不了关系的。既然其具有社会性，那么它必然会受社会制度、法律政治、道德素养的影响。教学评价的标准也会参考这些方面，主要满足的就是社会需求，教育的好坏和最终的目标结果都应该受到社会大众的认可，才是真正的评判标准。

（二）评价功能的多样性

评价功能是具有多样性的。教育评价并不仅仅是为了学生更好地学习，而是从两个方面发挥着它的作用。其一是为了让学生能够受到更好的教育，创造一个适合大部分学生学习的教育环境，探索一个适合绝大部分学生学习的教育方法，使学生能够完成自己的学习目标，自身的潜能被最大限度地开发出来。其二，教学评价也能够选拔出更适合接受某方面教育的学生。教学评价能够有效选拔出各方面条件都很优秀的学生，也能够测试学生的学习力，是评定学生学习水平的手段，在方法上偏重于相对评价和常模参照测验。

（三）评价对象的全面性

许多人认为教学评价的对象，只有教师和学生，这样的思想在现如今的教学评价当中已经落伍了。现如今教学评价的对象包含教育过程当中所有的人，除了教师和学生，还有在教育活动当中工作的人。另外，对学生要综合评价，不得以分数作为评价学生的唯一标准。现如今的评价对象已经越来越全面，对于评价的结果来说，就更具有权威性。

（四）评价过程的系统性

教学评价的系统性指的是在教学评价的过程中，从开始一直到最后得出结果，都应该有一个系统性的标准，因为教学评价过程是复杂的，在评价的过程当中涉及很多个环节，每一个环节都是环环相扣的，如果只从单一的某些方面来进行评价的话，那么只能得到失之偏颇的结果。只有把教学评价当中所有的要素都整合在这个评价系统当中，才能够得出最终的评价结果。

六、体育教学评价的目的

教学评价的目的并不是一成不变的，它会随着时代的变化和社会的要求改变。虽然每个时代、每个社会环境对于教学评价的要求都是不尽相同的，但是经过抽丝剥茧之后，我们都能够发现每个时代的教学评价的核心目的只有一个，那就是决定评价对象的价值。在现如今的教学评价学界，研究者虽然对于教学评价目的细枝末节的方面有不同的意见，但是对于教学评价的核心目的，却是保持高度的赞同，即教学评价目的是取得准确的评价结论，也可以说是为评价对象得出具体的价值。

确定了教学评价的核心目的之后，国内外的许多学者就开始深入讨论教学评价的具体目的。一些学者认为，教学评价的最终目的是解决那些之前没有解决的教学难题，满足在教育当中之前没有满足的教育需求，他们经过仔细分析和研究教育领域的现状后，提出了一些具有普遍性，但是又必须解决的共同难题。具体问题如下：

一是大型教育计划、教育活动和教育项目当中的资金问题，在这些大型的教育计划、教育活动和教育项目当中，资金的来源是一个很令人头疼的问题，有许多教育改革计划正是因为缺乏资金不得不放弃；

二是对于学校教学计划的合理性安排，有许多学校的教育计划，并不是十分完善，这会导致一部分学生在受教育的时候受到困扰；

三是对促进学生发展的教育理论与方法的检验；

四是满足有关部门和人员的信息及决策的需要；

五是减少教育的不确定性和不一致性；

六是分析、评定和改进学校教育的质量。

相关学者在评价目的的研究中，首先列举了教学评价在促进教育改革与发展中所应该承担的角色。它们分别是：

第一，为教育决策提供依据；

第二，评定学生的表现；

第三，评价课程设置；

第四，对教育机构、计划、项目的认定；

第五，监督教育经费的使用情况；

第六，改进教育计划与产品。

我国的一些学者在国内外教学评价研究的基础上，提出了教学评价的具体目的。现将其中的观点归纳如下：

第一，强化管理。一方面，教学评价的管理目的主要体现在它给教育活动提供了一个标准，也就是为教育决策提供依据；另一方面，教育评价能够监督和检查教育经费使用情况，在评价结果得出之后，监督教育者的工作是否合格。

第二，鉴定和认定。被评价的对象在得到评价结果之后，就可以很轻松地知道自己的目标达成度，而目标达成度则是对于教育机构或产品质量的认定，能够选拔出符合教育目标的被评价对象。

第三，改进教育。我们经常说，及时发现错误，并改正错误，通过教育评价的结果，就能很快地发现教育计划、教育产品、教育活动、教育项目的问题，发现了问题所在，就可以进行下一步的改正。

第四，理解和探索。通过教学评价发现问题之后，就要针对这些问题进行改进，这样的过程就是教学的探索过程，教育者经历探索的过程，可以加深对教学的理解，对于教育方法、教育过程和教育目标也会有新的升华，从而提高教育的质量和效益。

七、体育教学评价的价值

（一）导向与激励价值

教学评价具有导向作用，因为教学评价设立的目标是一个十分理想化的状态，人们根据教学评价目标，就可以知道自己努力的方向与错误改正的方向。这使得教学评价就像"指挥棒""灯塔"或"标准尺"一样，指引教育发展的正确方向。

教学评价的导向作用可以作用于所有参与的教学活动的人员身上。对于学生来说，教育评价能够让他们重新树立信心，知道自己的不足，从而制定远大的目标，并且通过学习的途径努力实现；对于教育工作者来说，教学评价能够让他们知道自己教学工作的不足之处；对于教育部门来说，教学评价可以为下一次的教育改革带来新的方向。

而教学评价的激励作用则更好懂了，我们每个人其实骨子里都是有惰性的，如果只是一味沉浸在教学过程当中，无论是谁都难免生出倦怠的情绪。这个时候教学评价就能为教学过程进行一个阶段性的总结，能够让你了解自己的优点，重拾自己的信心，也能够让你认识到自己的不足进而改进。因此，教学评价的过程就是一种激励的过程，只有通过教学评价的反馈，才能够给评价对象打上一剂强心针。

（二）反馈与交流价值

教学反馈其实是一个循环的过程。评价者将教学评价的结果告诉被评价者，而被评价者得到教学评价结果之后，能够清楚理解评价结果的内容，在认识到自身的不足之后，将教学评价结果当中的不足之处全部改正，然后评价者搜集评价对象返回的信息，以此来实现评价信息的循环，通过循环就可以达到不断修正被评价者行为的目的。但值得注意的是，教学评价反馈作用也需要有效发挥。教学评价反馈作用能否有效发挥，最关键的一点就是信息能否完整传达，如果教学评价的信息无法完整传达到被评价者，被评价者改善的结果信息也无法有效传达到评价者，那么教学评价的反馈作用就不能够实现。

所谓教学评价的交流作用，是指教学评价促使评价者、被评价者和其他与评价有关的人或群体内部，能够畅通无阻的交流，交换他们各自的信息。教学评价实践中，人们往往把目光放在个人对于信息的接收和反馈，但实际上人与人之间的信息交流也是十分值得注意的。而人与人之间的交流除了有认知交流，还有情感交流。人是群居动物，对于同伴的学习和模仿，从出生那一刻就存在。在教学评价过程中，这种作用体现在人们分享自己的评价结果的同时，能够看到他人对于评价结果当中问题的改正，从而能够在很大程度上激励自身改正同类型的问题。

（三）检查与监控价值

教学评价的检查作用是评价者对评价对象而言的。教学评价往往有一个目标，也就是一个既定的标准，教学评价的过程实质上就是检验被评价者对于这个标准是否合格以及他们达标的程度是怎样的。在这些评价的过程当中，将被评价者的行为与界定的标准进行比较，找到被评价者的问题所在，这就是教学评价的检查作用。在教学评价过程中，这是使用率最高且最为基础的一项作用。在实践中，教学评价的检查作用能否充分、合理、有效地发挥，往往受到评价双方对评价价值的认识、评价对象参与评价的积极性、评价方法本身是否合理等因素的影响。

教学评价的监控作用是一个动态的过程，它将教学评价当中的被评价者在评价过程当中的变化，以每一次评价结果的形式记录下来。通过这样每次的评价结果记录，就可以对被评价者达到一个更好的监控效果，如果教学评价的结果偏离了原来的教学目标，就可以及时提醒被评价者改正调整。评价其实是一种组织管理的手段，所以在评价过程中多少会带有评价者的主观臆断，这个时候就需要评价者牢牢的按照评价标准进行评价，只有这样才能够得到最准确的数据，才能够帮助被评价者修正自己的错误。一个合理的教学评价系统，应该能够对特定范围内的教育活动进行有效的监控，并达到"宏观管住、微观搞活"的目的。积极探索和建立以评价为手段、适应 21 世纪我国教育事业发展需要的教育监控体系，不仅符合当代教育管理的世界潮流，而且对于我国全面推进素质教育具有重要意义。

（四）鉴定与选拔价值

所谓教学评价的鉴定与选拔作用，是指评价者通过评价，给评价对象（包括教师、学生、教育机构和方案等）排出名次，分出等级或层次，最终评选出先进，或甄别、筛选出优劣。教学评价的鉴定与选拔作用，对于教育和其他社会生活领域有着重要的影响。例如，旨在为高等学校选拔新生的普通高等学校入学考试制度，就是影响我国整个教育系统的最重要的一种教学评价制度；鉴定各级各类学校学生是否满足毕业条件的学生学业成就考试制度，也是对我国各级各类学校教育质量具有直接影响的一种教学评价制度。随着我国经济社会的进步和教育事业的改革与发展，改进、完善传统的学生选拔和学生学业成就评价等教学评价制度，建立更有利于促进学生成长发展、能够有效满足社会对人才需要的现代教学评价制度，已成为时代发展的迫切要求。

八、体育教学评价的性质

（一）具有评定价值的性质

不同目的的评价，其性质也不完全一样。有的具有较强的实态把握性质，有的则具有较强的目标到达度性质。然而，尽管不同目的的评价性质不同，但其基本性质还是价值判断。

评价，顾名思义，就是评定价值。不过，它必须按照一定的价值标准进行。这就是教学评价的基本性质，也是教学评价根本目的的体现。在学校教育中，具有这种性质的评价活动很多。就对学生质量的评价而言，必须依照一定的价值标准，采取适当的方法，在运用定性或定量资料的基础上作出价值判断。例如，用定性的方法对学生思想品德作出评价，用考试的方法对学习水平作出评价，等等，都属于此种性质的评价。

（二）具有测定数量的性质

任何质量都可以用一定的数量来表示，没有数量的表示也就没有质量的具体表达。教学评价工作中同样需要正确认识与把握事物的质和量的问题，只有进一步考察事物的量，才能对事物的质作出准确的评价。

教学评价要作出的价值判断是包括被评价事物的质和量两个方面的。评价是在定量分析和定性分析的基础上进行的，其中定量是评价的一个重要方面，也是评价的重要手段。如果忽略这一点，就会失去评价的量化基础，也难以作出清晰的判断。在评价的过程中，从数量上测定评价对象是实施评价所必需的。所以说，教学评价又具有测定数量的性质。

（三）具有把握现状的性质

无论是教师的教学还是学生的学习，都需要把握现状，重要的还要把握事物的变化状态。通过评价，可以对现状作出准确判断，对存在的问题采取必要的改进措施。因此，把握现状是教学评价的一个重要性质。

（四）具有判断到达度的性质

从教学评价的发展看，"达到目标"这一概念是 20 世纪 60 年代日本学者提出来的，其"达到目标"是指要求学生掌握的知识和技能的既定目标，后来，在此基础上形成了到达度评价的理论。所谓到达度评价，就是把要求学生掌握的知识和技能等作为固定目标，并以此为标准来判断学生达到目标的程度的评价，其性质与绝对评价相同。从目标管理的观点看，应该是有什么样的目标，就有什么样的评价。

第二节　高校体育教学评价的发展研究

一、教育、体育部门目标价值导向的迥异

教育部门全面贯彻党的教育方针，引导学生以"天天锻炼、健康成长、终身受益"为价值目标取向，是其管理职能的应有之义。衔接体育课堂教学与课外活动的方法是在保证体育课程时间，提升体育课堂教学效果的基础上，把体育课外练习和科学锻炼作为体育课的延续，促进学生"每天锻炼一小时"的贯彻落实；在促进培养学生体育兴趣与提高运动技能方面，以兴趣引领把握因材施教和快乐参与的体育规律，在传授体育运动技能中逐步提高学生运动水平，引导学生养成终身体育锻炼习惯；在协调学校群体活动与运动竞赛方面，应在开展普及性体育活动的基础上，促进课余训练和运动竞赛有序开展，既能培养体育后备人才（由于在奥运会、国际重大体育赛事上争金夺银是体育部门必须完成的硬指标，培养体育后备人才自然而然就成为教育部门的软任务），又能为全面提高学生体育素养营造校园体育文化。

体育部门选择目标价值取向的聚焦点成为实施体教结合的坐标点。体育部门的目标价值取向，必然建立在培养好后备人才以疏通竞技体育人才源远流长的活水源头上，必然要解决好如何加强运动员文化教育和做好退役运动员就业安置等

问题，无论是办好让人民满意的体育、促进体育事业健康可持续发展，还是构建体育事业中的民心工程都不可或缺。体育部门选择竞技体育人才培养的路径，是从20世纪50年代就开始织密体育传统校、业余体校、专业队的"三级训练网"。实践证明，仅靠体育部门的一己之力很难构筑起行之有效的国家体育后备人才培养体系。体育部门迫切希望体育后备人才的教育与退役就业安置的后顾之忧能够得到系统性解决，而这些权利与资源却蕴藏在人事与教育系统。

两部门目标价值取向的迥异必然导致利益格局的不同。长期以来，教育部门和体育部门在首要利益方面存在明显的差异，工作目标的聚合程度不高，因此消除教育部门与体育部门内部的利益分歧刻不容缓。

二、各自为政的价值取向形成制度壁垒

长期以来，体育和教育部门在青少年体育技能培养和体育赛事等方面，都在按照各自既定的目标价值取向独辟蹊径，既不互通更不兼容，成为掣肘体教结合的壁垒。

教育系统培养体育后备人才的价值取向是以提高带动普及，帮助学生确实掌握1~2项伴随终身的体育技能，使学生在享受乐趣、增强体质、健全人格、锤炼意志中全面发展；体育系统培养体育后备人才的价值取向是以普及促提高，像金字塔一样，"塔基"越大，"塔尖"更尖。二者本来可以相向而行，在殊途同归中实现双赢共赢，但在各自为政的价值理念引领下事倍功半。

尽管我国于1959年8月27日就派出4名田径选手参加在意大利举行的第1届世界大学生运动会，直到1979年中国跳水队陈肖霞在墨西哥第10届世界大运会才夺得跳水金牌。到了2005年，教育部才从国家体育总局把组建世界大学生运动会参赛任务接到手。就在同年，清华大学学生"眼镜侠"胡凯在土耳其第24届世界大运会上获得了男子100米冠军而成为实施体教结合的典范。这使从1986年就试办高水平运动队的教育部门认识到，以清华大学等高校建立起"一条龙"培养体系，招收大批高水平运动员代表高校参赛的可行性，很快就把试办高水平运动队的高校扩大到235所，后又逐步健全完善按"一校一品"创建体育特色校。

由于组团参赛奥运会、青奥会是体育部门的重要任务，要求各级体育部门以及各项目中心和协会都要大力发展系列赛事，为了搞活赛事活动，根据不同的项目特点，政府可以购买赛事服务。为购买U系列赛事服务，2018年，体育总局专门安排了资金，大力支持地方政府、企业、俱乐部承办该项赛事。事实证明，

是青少年学生支撑着青运会和U系列赛事的门面，约90%的参赛选手都是普通学校的学生。大体协、中体协举办的体育赛事已经涉及71个体育项目。

但是，各体育赛事在各自为政的价值理念下，拟定各自的赛事计划，规定统一注册的资格，成为参加一个系统的比赛就不被允许参加另一个系统比赛的约定俗成，本来完全可以拓展培养竞技体育运动员和面向所有学生的青少年体育赛事的广阔天地，却人为造成了举步维艰的局面。迄今为止，各级各类体校是我国荣获奥运冠军运动员的摇篮（美国获得2016年里约热内卢奥运会的冠军有74.8%的来自普通高校）。但是，2016年里约热内卢奥运会设306个小项，我国只有210项能够参赛，2018年平昌冬奥会设102个小项，我国只有53项能够参赛，不具备参赛资格的很多项目以及基本没有开展的很多项目，都是因为缺少青少年后备体育人才的支撑。

客观看待青少年体育赛事体系的制度壁垒，其衍生出来的是在青少年运动技术等级评定机制、参赛选拔机制、教练员培养机制、完善激励机制、建立资金保障机制、市场运作机制等方面的藩篱。体教融合不是两者的简单调和，也不是教育的价值取向与竞技体育价值取向的二元相加，而是它们在高层次上的融合。它需要通融资源、兼容内容、共融利益、互融宣传，才能真正拆除教育、体育两大系统在青少年体育技能培养和体育赛事间的藩篱。

三、缺乏深度融合的价值导向造成评价主体性缺失

以往的青少年体育竞赛制度，体育部门与教育部门门户林立，就连体育传统项目学校和体育特色学校的评定也是由体育部门、教育部门分别进行；以文化测试为主导的招生制度引导着千万中小学校步入片面追求升学率的轨道，既不同程度剥夺青少年学生的体育运动的权利，还无情地挤占青少年体育后备人才培养的阵地。无论是遵循教育规律还是体育发展规律，青少年体育都不能脱离社会而独立存在。实践证明，缺乏深度融合的价值导向必然造成评价主体性缺失。

社会体育组织可以在校内以市场化的形式参与体育职业技能考核、运动技能培训、体育科学研究和体育文化活动。不真正实现教育、体育部门目标价值导向的深度融合，就不能切实解决青少年体育后备人才培养主体性缺失的问题，有限的体育资源的优化配置就难以保障。缺乏社会体育组织为学校体育竞赛普及体育运动技能提供指导的制度框架，就不可能运用政府向社会体育组织购买服务的方式，以供缺少体育师资的中小学校的体育教学和教练服务之需。社会体育组织的

主体性缺失，导致竞技体育人才培养难以水到渠成，同样也制约着社会体育俱乐部，尤其是青少年体育俱乐部的可持续发展。女篮名宿宋晓波多年来一直致力于青少年篮球运动的推广，1996年6月成立了宋晓波篮球俱乐部，已有数以万计走出训练营的学员或从事职业篮球及相关工作，或以篮球专长考上心仪的学校，或转变成充盈健康生活方式不可或缺的兴趣爱好，实现这一愿景是对宋晓波创办篮球俱乐部初心的最好回报。尽管都懂体教结合不能缺少社会力量参与的道理，但社会体育俱乐部却很难成为新的增长点。有6000多万人口的英国，其自行车骑行者却超过了1200万，有2000多家俱乐部在协会注册，自行车运动员超4万人，这成为自行车运动在英国体育普及与提高的亮丽风景线。

体教结合难点的存在，制约了体教结合的良性发展导致再好的制度政策安排也难以落地，因为任何政策制度只需要一分部署，重点在于抓好九分落实。在错位价值观的引领下产生的教育、体育部门目标价值导向的迥异、各自为政，形成制度壁垒、缺乏深度融合的价值导向，造成主体性缺失，在体教融合的实践中极易滋生视野短浅、格局狭窄、取舍不当的问题，从而导致各部门之间难以与实施的政策制度保持步调一致，更谈不上能够及时地校正实践偏差。一旦部门既得利益固化，就很难形成思想同心、行动同步的局面。

四、评价标准偏倚运动成绩

举国体制背景下，竞技体育是民族利益的集中体现，体育更多作为竞技符号而普遍存在。运动员的文化学习与训练竞赛完全分离，运动训练仍是青少年运动员的核心任务。地方体育行政部门、管理部门、训练单位、教练员年度考核最鲜明的指标就是运动员上一年度的运动成绩，运动员的读书、升学、就业、评奖、待遇也直接与运动成绩挂钩。因此，竞技体育管理者、教练员、运动员、家长及文化课教师，均向运动训练倾斜，崇尚短期有效的训练方法，文化学习被忽视。体育系统参加训练的运动员文化学习和训练时间未能科学分配，训练时间远超于文化学习时间，甚至运动成绩可以冲抵相应学分，提前完成学业。因此，运动员普遍存在重文凭轻文化的现象。截至2017年，我国现役运动员25563人，而具有大专及以上学历的运动员仅占29.7%。专项水平不突出的运动员因缺乏文化知识和生存技能，退役后很难适应竞争激烈的社会，最终造成竞技体育人才高淘汰率和低就业率的现象。

五、片面的评价机制是体教结合堵点之源

学校体育评价是学校体育价值观导向功能的检验，引导着人们对体教结合的价值选择与追求。中考体育考试树立了体育课成为学生毕业、升学考试科目的风向标，初中生的各项体质健康指标出现明显积极变化的趋势。在学校体育评价机制中扩容中考体育考试，教学水平高超的体育教师在初三学生家长的家教名单里就备了案，体育考分也被视为初三学生的生命线。这一方面说明体育中考的撬动效应在初中升高中时作用明显；但在另一方面，与健全完善大中小学体教结合的评价体系需求相比，其彰显的制度张力与活力确实有限。尤其是已乘上片面追求升学率列车的学生家长，把望子成龙的价值观与高考制度无缝对接，高考的金榜题名不揭晓，他们的恐惧与焦虑就不会消失，在这样的价值观导向下，义无反顾地引领着孩子们心无旁骛地朝着他们认为成功的方向前行。于是在学前教育阶段，他们就开始挤占适合幼儿身心特点的游戏活动时间、空间，孩子们体育兴趣爱好从小就没养成，运动机能的协调发展更是无影无踪；义务教育阶段不仅难以树立正确的健康观，掌握 1~2 项运动技能的体育课程要求也化为泡影；基础不牢的高中阶段，体育引导学生进一步发展运动专长可谓举步维艰，更难以实现把培养学生积极向上的健全人格融入学生健康的生活方式；高等教育阶段的体育，大学生体质健康难以遏制不断下滑的趋势，甚至令人费解的是，大学生的不少指标还不如中学生，大学体育怎能担当创新人才培养的重任？手握指挥棒的学生家长既可使本应该根据学生年龄特点和身心发展规律而不断健全完善的体育变畸形，又可以剥夺学生成为自身健康第一责任人的权利，本身就不健全的体育竞赛和人才培养体系岂能吸引学生家长和学生青睐？观望者众，难以构建校内竞赛、校际联赛、选拔性竞赛三位一体的大中小学体育竞赛体系；参与者寡，即使不断建立和完善国家、省、市、县四级学校体育竞赛和选拔性竞赛（夏令营）制度也依然缺少吸引力；由于既看不到体育后备人才培育体系最先一公里（入口）的吸引力，又享受不到最后一公里体育人才（出口）的获得感，加之高水平运动员成长路上遇到的高淘汰率和退役后二次就业的艰辛，更促使学生家长视体育传统校、特色校、体校与高校运动队为禁区，即使自己的孩子具备体育天赋也绝不让其越雷池一步。可以想象，青少年体育后备人才培养这颗稚嫩的树苗，得不到学生家长营造的肥沃土壤的滋养，何时才能长成参天大树？

体教结合堵点存在的堪忧之处在于，一些怀抱望子成龙价值观的学生家长一旦乘上考高分进名校的列车，就会指挥学生对学校体育在青少年成长中应当发挥

的作用视而不见、充耳不闻、行而不愿；体教结合的矛盾点比体教结合的难点中的利益痼疾更牢固，观念更难转变，在旧的评价机制下，它助力体教分离，致使体教结合的痛点更持久；体教结合的堵点使家长和学生都游离于体教结合之外，形成多元共治的盲区，成为学生家长正确行使学校体育知情权、参与权、表达权与监督权的盲点，形成学生围绕家长指挥棒转的盲从，学生很难履行本人就是自身健康第一责任人的职责；体教结合的堵点使多元共治主体缺位、以偏概全；体教结合的堵点使体育教师缺编缺课被视而不见，体育教师当个班主任却被率先发难。不破解体教结合的堵点，就会难点更难、痛点更痛。

第三节　高校体育教学评价体系的完善

高校体育教学的最终目的，其核心永远是提高学生的体育素质，逐步提升学生的体育素养，培育终身体育的意识。无论在教学过程当中使用了什么样的手段和方式都是万变不离其宗的。体育教育事业一直很受国家的重视，一个国家的身体素质，在一定方面代表了国家的强弱，教育部出台了一些的文件来督促高校抓好体育教育，高校须积极响应国家政策，将体育教学评价体系逐步完善。

一、体育教学多元化评价模式的核心思想与原则

教学评价是对教学活动满足个体和社会需要的程度作出判断的活动，其能基于评价主体、评价课题来展开价值判断。按照现代教育理论的内容来看，体育教学评价即我们按照体育教学目标来进行价值判断。在多元化评价模式理念下，还会利用不同的手段来考核学生解决实际问题的能力，评价指标体系的构建也是以此为基础而展开。

（一）评价体系的构建依据

现代体育教学理论和传统的体育教学理论不一样，不再是以成绩论人才，教学的目的也完全改变了。从选拔优秀人才转向发挥学生的内在潜能，以学生的全面发展为前提，努力提高大学生的身体素质。按照现在的体育教学理论，教师也应该积极改变自己的教学方法，不能以成绩来论学生的优劣，而更应该拿出一种服务精神使学生得到全面的发展，让学生热爱体育运动，在之后的生活当中，也能积极地参与体育锻炼活动。

体育教育评价需要优化，这是迫在眉睫的事。现如今的教育环境需要不断改革与优化，在素质教育理念下，高校对于人才的培养应该更主张德智体劳全面发展，而不是以分数作为评价学生的唯一标准，体育教育要充分遵循学生全面发展的培养模式以及多元智能教学评价观念。

（二）多元化评价模式的构建原则

1. 全面性原则

全面性原则的理想状态是不同的指标之间，必须相互配合而不重复，只有将评价对象全面覆盖，才能够实现全面评价。无论是哪种体育项目教学，都注重对学生所掌握的知识展开评估，真实有效地发挥教学活动的导向和激励功能，让评价结果变得更加科学。

2. 系统化原则

系统化原则需要以学生为评价主体，充分调动被评价者的积极性与主动性，而学生正是评价的关键参与者。学校在教学评价时需注重信息的反馈，符合系统化的原则，通过评估来发现各类问题，同时以信息反馈帮助学生更好地发展，避免为了评价而进行评价。

3. 可操作原则

无论是教学评价方案的制定还是评价活动的实施要符合实际情况，符合客观条件的支持，从而让指标更加科学。例如，以田径教学为例，指标的具体规划需要符合田径项目的特征，以定性评价和定量评价相结合的方式使评价指标具有可操作性。如果指标难度过大，必然导致难以掌握，无法使得评价实施普遍化展开，使用价值下降；反之，难度过低也会不符合被评估对象的真实水平。

4. 实时更新原则

在大数据时代背景下，社会的发展日新月异，教育也应该跟随社会的发展而变化，高校体育教育应该遵循实时更新的原则，在原来的理论基础之上更新观念与教学方法。而实时更新应坚守以下几条原则。

一是完整性和全面性原则。在构建高校体育教学评价体系时所遵循的标准应该是涵盖很广的，尽量不要有重复的情况，也应该具有广泛代表性，能够作为评价的权威标准。

二是科学性和客观性原则。对于收集到的数据，不能全部按个数来分类，而是应该按照一定规律分类，使其具有规律性，而高校体育教育评价的指标，也不能随意选取，而是应该在收集完数据之后，在数据当中挑选标准，结合时代的规律，得出一个具有科学性和客观性的评价体系。

三是共性和个性相结合的原则。在教育评价过程当中，每一个学生都是有不一样的特点，而每一个老师的教学方法也是不尽相同的，在体育教学评价中，我们应该找到每一个个体之间的共性和个性，对于每一个学科也应该按照学科特点来进行评价，对于不同的评价对象，应该采用不同的评价标准。

四是可行性和可测性原则。可行性和可测性原则的主旨都是让评价过程能够顺利进行。评价原则的可行性是指高校体育教学评价的评价过程是可以进行下去的；可测性是指对评价指标的评价具有可测试量化的标准，通过这个标准，可以得到评价结果。

五是开放性与及时性原则。开放性是在高校体育教学评价体系构建时要对大众进行的开放，这样不仅可以让学生和教师更加了解体育教学评价，同时也能更好地监督评价的进行。及时性指评价、分析以及反馈要及时，特别是高校体育教学评价体系在反馈这一块要有足够的开放性和及时性。

四、体育教学多元化教学评价模式的应用

由于体育教学的评价指标较多，不同的指标也具有不同的层次，其中的部分指标还并不是非常明确。在综合考虑之后，体育教师可以按照实际的教学内容规划与教学计划要求，组织不同的内容评价，将结果整合后最终实现科学评估。这一过程不仅是教育工作开展的核心环节，同时也是推动体育教学未来创新改革的关键因素。多元化标准之下，也应该符合因材施教标准与学生个性发展的需求。具体可以从以下几个方面展开。

（一）身体运动指标

身体运动指标，是对学生是否具有一定的体育技能最基础的评价内容。学生能够达到身体运动指标，也就是其善于利用肢体动作来表达出自身对于体育技能的掌握。可以通过对学生身体素质各方面数据的量化，得到学生一系列身体运动指标的数据。例如：在足球的教学上，通过学生奔跑的速度可以知道他敏捷度的指标；在扔铅球的教学过程当中，可以知道学生力量指标的数据；通过长跑的教学，可以知道学生的耐力指标。这些指标都能够很好地反映出学生的身体运动指标，师生如果具有一定的体育技能，那么他们可以通过学习来逐渐加强其身体运动指标的数据。

体育项目的主要目的就是提升学生的运动能力和身体素质，不同的项目对于

学生的锻炼侧重点也是不一样的,学生在学习的过程中,要能够掌握不同运动技巧。对于教师而言,也应该具有一定的组织能力,如通过体育游戏或亲身实践的方式让学生参与到体育活动当中,引导其主动进行学习和锻炼,培养其实践能力,提升学生在体育教学和运动项目中的综合智能技能水平。

(二)合作协调能力

合作协调能力是一种属于学生的情感能力,学生在体育练习的过程中,要能够通过与他人的交流和对他人情感的感知,来理解他人。例如,在篮球赛场上,运动员因为要进行大量的运动消耗,如果要用语言交流的话,难免对于体力的要求就更高,再加上球场上有双方球员,人数众多,如果用语言交流难免信息容易误传。这个时候,合作协调能力就显得十分重要。在联系和比赛的时候,球员之间都是靠手势交流,这样就能够保证两个运动员之间的交流准确无误。教师在进行体育教学的时候,应该多进行反思,这样才能不断优化教学方式,使学生能够得到更好的教育。现如今的体育教育已经有了很大的转变,不再是原来只考验体育技能的强弱,还要求学生能够全面发展,拥有强大的自学能力,只有这样才能算是获得全面的学习。以游泳教学来说,学生除了要掌握各种游泳方式,还要能够理解动作原理,找到最适合自己的方式。

(三)综合评价

综合评价是对于评价对象的全方位评价,包括运动参与、运动技能、心理健康、身体健康和社会适应等方面。这种综合性的多元化评价注重的是学生综合技能水平以及知识水平,要保障学生能够德智体美劳全面发展。每一个学生都是独一无二的,他们拥有自己的个性和优劣,只有按照不同的学生特点制定评价标准,才能够使得每一个学生的潜力被充分发挥出来,学生才能在每一次体育锻炼当中了解自己的长处与缺点,在每一次的体育锻炼当中进步。当然,除教师和学校的评价之外,学生自评与学生互评也是很重要的评价手段,但是这两种评价方法带有的主观性较强,评价结果相对来说也没有他评那么权威。教师在综合评价当中的角色不能只是裁判,更多的应该成为一个学生引导者的角色,在教师积极的引导下,学生能够获得自信,能够获得知识。多元化体育评价的最大优势就是能够让师生之间的交流扩大,也能够使评价的范围更为全面。

可以说,多元化评价模式是基于新时期的成功教学经验所展开,遵循全面、主体化的评价要求,确定不同指标的权重,为今后的体育教学提供新的发展方向。

同时，也有利于教学质量的提升与学生学习效率的提高，有利于发现现阶段教学工作中存在的问题，进一步导向今后体育活动开展方式。作为体育教师也应该转变传统的评价理念，注重学生的智能化评价，逐步完善评价指标，并在后续的教学实践中不断优化。

参考文献

[1] 张新萍. 对 2008 北京奥运会后中国体育改革走向的研究 [D]. 广州：华南师范大学，2006。

[2] 杨文轩. 体育概论 [M]. 北京：高等教育出版社，2005.

[3] 蒋世宽. 体教结合十年业余训练的思考 [J]. 四川体育科学，1991（1）：38-40.

[4] 高雪峰. 后奥运时期中国体育体制变革走向 [J]. 武汉体育学院学报，2006（11）：1-7.

[5] 张显军，种莉莉. 我国体育管理体制现状及 2008 年奥运会后改革趋势 [J]. 体育文化导刊，2006（7）：11-14.

[6] 李荣芝，唐文兵. 2008 年奥运会后我国竞技体育管理体制改革趋势研究 [J]. 成都体育学院学报，2007（6）：7-10.

[7J 王朝军，赵均，纵凤侠. 奥运会承办国后奥运竞技体育体制研究 [J]. 体育学刊，2007（4）；19-21.

[8] 赵峰，孙庆祝. 北京奥运会后我国体育管理体制改革探析 [J]. 体育文化导刊，2008（4）：8-9+13.

[9] 戴永冠，许斌，刘炜浩. 后奥运时代中国竞技体育举国体制渐进式改革 [J]. 天津体育学院学报，2008（1）：68-70.

[10] 马志和，徐宏伟，刘卓，等. 论我国竞技体育后备人才培养体制的创新 [J]. 体育科学，2004（6）：56-59.

[11] 杨再淮. 竞技体育后备人才培养 [M]. 北京：人民体育出版社，2006.

[12] 葛幸幸. "丁俊晖模式"对竞技体育社会化发展带来的启示 [J]. 北京体育大学学报，2007（5）：703-705.

[13] 周建生. 江苏省中学"体教结合"现状与发展对策研究 [D]. 苏州：苏州大学，2006.

[14] 陈玉林，杨烨，张晓玲，等. 上海市中小学竞技体育后备人才培养体系 [J].

体育科研，2007（4）：15-24.

[15] 卞伯高．上海市"体教结合"中学运动员招生现状的调查与分析[J].山东体育科技，2006（4）：54-55.

[16] 车传勇．对黑龙江省中学"体教结合"培养篮球后备力量的研究[D].北京：北京体育大学，2004.

[17] 池建．关于"高校试办高水平运动队政策"的解析[J].天津体育学报，2003（4）：75-77.

[18] 池建．论竞技体育与高等教育的结合[J].北京体育大学学报，2003（2）：149-150+159.

[19] 赵一平，赵先卿，马力．对"体教结合"若干理论问题的分析与探讨[J].安徽科技学院学报，2007（2）：64-67.

[20] 杨剑，古强．"体教结合"系统工程的现状与对策研究[J].沈阳体育学院学报，2007（4）：94-96.

[21] 虞重干，张军献．"体教结合"与高校高水平运动队建设[J].体育科学，2006（6）：79-84.

[22] 兰馨．美国高校竞技体育发展模式及运行机制的研究[J].体育文化导刊，2006（7）：70-72.

[23] 马志和，张林，郭培，等．国外教育系统培养竞技体育后备人才的共性经验及其启示[J].上海体育学院学报，2005（1）：18-21.

[24] 栾开建．关于中外竞技体育后备人才培养模式比较分析[J].南京体育学院学报，2003（6）：13-15.

[25] 张红松，张锡庆．中美竞技体育后备人才培养的比较[J].广州体育学院学报，2003（6）：36-38.

[26] 王正伦．"体教结合"辨析——高校办高水平运动队新视野[J].体育文化导刊，2005（1）：19-21.

[27] 朴昌根．系统学基础[M].上海：上海辞书出版社，2005.

[28] 中央保持共产党员先进性活动领导小组办公室．保持共产党员先进性教育读本[M].北京：党建读物出版社，2004.

[29] 张今声，袁国敏．以人为本与科学发展观[M].北京：经济科学出版社，2007.

[30] 周西宽．体育基本理论[M].北京：人民体育出版社，2007.